AI와 한의학

인공지능총서

인공지능 시대입니다. 기계가 인간의 인지를 대신하고, 사물이 인간을 통하지 않고 다른 사물과 직접 커뮤니케이션합니다. 이에 따른 인간 삶과 문명 변화를 정확히 이해 · 예측 · 대응하는 것은 이 시대 우리 모두의 과제입니다. 인공지능총서는 인공지능 기술과 환경의 여러 주제를 10가지 키워드로 정리합니다. 관련 개념과 이론, 학계와 산업계의 쟁점, 우리 일상의 변화를 다룹니다. 인간과 기술의 현재, 미래를 세심히 분석합니다.

일러두기

- 인명, 작품명, 저서명, 개념어 등은 한글과 함께 괄호 안에 해당 국가의 원어를 병기했습니다.
- 외래어 표기는 현행 어문규정의 외래어표기법을 따랐습니다.

처음이세요?

전문가세요?

AI와 한의학

김경묵

대한민국, 서울, 커뮤니케이션북스, 2025

AI와 한의학

지은이 김경묵
펴낸이 박영률

초판 1쇄 펴낸날 2025년 3월 6일

커뮤니케이션북스(주)
출판 등록 2007년 8월 17일 제313-2007-000166호
02880 서울시 성북구 성북로 5-11
전화(02) 7474 001, 팩스(02) 736 5047
commbooks@commbooks.com
www.commbooks.com

ISBN 979-11-7307-766-1 03500

책값은 뒤표지에 표시되어 있습니다.

차례

인공지능과 한의학? AI와 한의사?

인공지능과의 조우

2016년 3월, 필자는 입사한 지 한 달이 채 지나지 않은 모교 한방병원의 인턴이었다. 오후에 병실을 하나하나 지나치며 환자들에게 안부를 묻고 돌아다니던 와중에, 병실에 있던 작은 TV에서 바둑 중계 화면이 나왔다. "아, 저게 지나가면서 들었던 알파고하고 바둑 두는 그건가?" 하며 TV 화면을 봤지만 이내 해야 할 업무들을 처리하기 위해 눈을 돌려야만 했다. 그리고 며칠 뒤, 이세돌 기사가 1승을 거두었다는 소식을 접했고 인공지능이 인간의 영역을 넘보는 듯한 모습에 나름의 충격을 받았다.

그리고 시간이 흘러 공중보건의사로 재직하던 시절, 절친한 친구가 인공지능의 활용 범위와 그 가능성에 대해 이야기를 해 주었다. "향후엔 머신러닝이 지금의 엑셀과 같은 기본 소양이 될 것이다." 그 말을 듣고 구글 코랩(Google Colab)을 열어 입문서로 코딩을 연습하기 시작한 것이 작은 움직임의 시작이었다.

필자는 머신러닝을 연습하고 이곳저곳에서 머신러닝

을 활용한 연구 동향을 찾아보면서 한의학과 AI의 접목에 대한 가능성을 생각하게 되었다. 과연 한의학은 인공지능과 융합될 수 있을 것인가? 그리고 머신러닝의 학습 대상이 될 수 있을 것인가?

한의학은 오랜 시간 축적된 경험과 이론, 그리고 직관적 의사 결정에 기반해 발전해 왔다. 아날로그 형태로 제공되는 데이터를 내적으로 통합하고 결과를 산출하는 한의학의 진료 방식은, 디지털 데이터와 통계적 패턴 인식에 강점을 지닌 인공지능과 결합하기 어려워 보이기도 한다. 하지만 최근 자연어 처리, 거대 언어 모델, 이미지 프로세싱 등의 기술이 급격히 발전해 온 만큼 아날로그 데이터에 대한 접근 방식이 이전에 비해 훨씬 정교해지고 있다.

ChatGPT의 등장과 인식의 변화

OpenAI의 거대 언어 모델(Large Language Model, LLM)인 ChatGPT가 갓 등장했을 때, 많은 사람들은 그저 새로운 기술적 데모(demo) 정도로 여기거나 재미 삼아 사용해 보는 용도로 활용했다. 몇몇 한의사들은 한의학적 질문을 ChatGPT에 던져 보기도 했는데, GPT 3.5가 배포되었던 2022년 당시에는 허무맹랑한 대답이 빈번해 "의료 실무에 활용하기엔 아직 멀었다"는 평이 지배적이었다. 그러나 시간이 지나고 GPT 4, GPT 4o, o1 등 개선된 모델이 출시된 뒤 많은 사용자들이 경악하기 시작했다. 할루시네이션(Hallucination) 현상이 거의 나타나지 않았고 개선된 엔진을 바탕으로 꽤나 정확한 대답을 내놓기 시작했기 때문이었다. 엔진의 발전과 함께 이를 이용한 애플리케이션의 활용도 또한 높아지는 중이다.

이 흐름을 단적으로 나타내는 예시가 바로 인공지능에게 한의사 국가시험을 풀도록 지시해 본 연구다. 장동엽 등(2023)은 GPT 4를 사용해 한의사 국가시험 문제를 풀도록 시도해 봤으며 합격점을 받는 결과를 발표했다. 필자가 몇 가지 예제에 대해 o1 등의 최신 모델로 테스트해 본 바로는 임상 한의사가 충분히 유추할 수 있을 정도의 답변을 내놓는 것을 확인했다. 이제 우리는 유능하고 상시 가동이 가능한 비서를 만나게 된 것이다.

실제로 필자가 여러 임상 한의사 동료들에게 "AI가 일상 진료 업무에서 어떻게 쓰였으면 좋겠는가?"라고 질문했을 때 다양한 답변을 받을 수 있었다. 누군가는 "환자가 말하는 것을 그대로 받아 적어 차트 정리까지 해 주면 정말 편리할 것이다"라고 했고, 또 다른 누군가는 "환자 대화를 듣고 필요한 보험 청구 차트를 자동으로 생성해 줬으면 좋겠다"라고 했다. 어떤 한의사는 "진료 내역을 대조해 주당 청구 횟수를 체크하거나, X-ray나 CT 이미지를 먼저 훑어보며 이상 소견을 알려 주는 보조 역할을 했으면 한다"고 말했다. 더 나아가, "환자에게 설명해야 할 내용을 잘 정리해 주는 AI가 있다면 의사와 환자 간의 소통이 훨씬 수월해질 것"이라는 의견도 있었다.

이러한 의견들은 모두 AI가 단순한 문제 풀이를 넘어서 의료 현장의 구체적인 업무 자동화와 임상 효율성 향상에 기여할 수 있기를 바라는 열망을 반영한다.

한의사의 AI 도입과 유용도

한의사들의 기대감에 대비한 현실 인식 정도는 어떨까? "한의사의 진료 분야와 의료 적용 분야의 AI 도입과 유용도에 대한 인식 조사 연구"(목경열, 2022)에서는 1227명의 한의사를 대상으로 인식을 조사하는 연구를 수행했다. 연구 결과 한의사들은 AI에 대한 학술 경험이나 연구 경험은 부족했지만 추후 학습이나 연구에 대한 참여 의지는 높은 것으로 나타났다. 이는 한의사들 또한 시대적 변화에 따른 AI 관련 의료 기술의 도입과 적용이 필요하다고 인식하고 있는 것으로 저자들은 언급했다. 한의학 분야에 AI를 도입했을 때, 유용도를 최대 100점으로 조사한 결과 한약 연구 및 개발(74.60)과 사회 정책 수립(73.68) 분야에서 높은 유용도를 예상했으나 변증 및 진단(68.47), 처방(64.02), 경혈 및 선혈(63.96)에서는 비교적 낮은 유용도를 예상했다. 이는 의사 669명을 대상으로 한 설문 연구(Oh, 2019)와는 대조적이다. 해당 연구에서는 AI가 유용하게 쓰일 수 있는 분야로 질병 진단(83.4%), 치료 결정(53.8%), 약제 연구 및 개발(12.6%)로 조사되었기 때문이다. 한의사들의 인식은 대체로 정형적(定型的)으로 여겨지는 분야에서 유용도를 높게 평가하고, 진료 영역에서는 현재의 AI 활용 영역과 한계를 인지하고 있다고 평가할 수 있다.

한의사를 위한 머신러닝 소개

인공지능은 최근 제조업, 의료, 금융, 교육 등 다양한 산업 전반에 걸쳐 폭넓게 적용되고 있다. 그중에서도 특히 거대 언어 모델의 등장은 인공지능이 단순히 특정 문제의 해결 수단에 머무르지 않고 광범위한 분야에서 사람을 보조하거나 대체할 잠재력을 가진다는 점을 극명하게 보여 주었다.

그러나 한편으로는 인공지능은 만능이라는 막연한 기대에 머무르거나, 기술적인 측면에서 각 기법에 대한 혼동이 일어나는 경우도 많다. 사실 대부분의 기초적인 데이터 분석, 분류, 군집화 작업은 회귀 분석이나 로지스틱 회귀 분석과 같은 기존 통계 기법으로도 충분히 해결할 수 있다. 따라서 굳이 복잡한 머신러닝 기법이 아니어도 되는 상황이 많아 프로젝트 목표와 데이터 특성에 따라 다르게 선택되어야 한다.

하지만 머신러닝이 단순 통계 기법보다 더 뛰어난 잠재력을 발휘하는 경우가 분명히 있다. 다차원적이거나 복합적인 패턴을 다루거나 이미지나 자연어 등 비정형 데이터를 해석해야 할 때, 혹은 기존 이론적 가설만으로는 포착되지 않는 새로운 상관관계를 찾고자 할 때 머신러닝은 뛰어난 도구가 된다. 실제로 많은 AI 연구가 방대한 의료 데이터에서 예후나 진단적 패턴을 찾아내는 데 집중하고 있다.

그러나 이러한 피상적인 설명만으로는 왜 인공지능 혹은 머신러닝이 사용되어야 하고 어떤 분야에 적용할 수 있는지에 대해 이해하기 어렵다. 이에 간단하게 소개해 보려 한다.

인공지능이라는 개념을 처음 제시한 존 매카시(John McCarthy, 1927~2011)는 1955년, 인공지능을 "기계가 언어를 사용하고, 추상화와 개념을 형성하고, 현재 인간에게 맡겨진 문제들을 해결하고, 스스로를 향상시키는 방법을 찾는 것이다. (…) 인공지능 문제란, 인간이 같은 방식으로 행동했을 때 지능적이라고 여길 만한 방식으로 기계를 행동하게 만드는 것을 의미한다"(McCarthy 외, 2006)고 정의했다. 즉 기계를 인간 행동의 지식에서와 같이 행동하게 만드는 것이라 할 수 있다.

인공지능은 가장 광의의 개념이고, 그 하위 집합으로 머신러닝(기계 학습, Machine learning)이 있다. 머신러닝은 정교한 알고리즘과 컴퓨터의 학습 능력을 통해 실제 문제를 해결하는 효율적인 방법으로, 방대한 데이터에서 잠재적인 정보를 분석하고 찾아낼 수 있는 잠재성을 가지고 있다(Deo, 2015). 아서 새뮤얼(Arthur Lee Samuel, 1901～1990)의 정의에 따르면, 머신러닝은 "컴퓨터가 명시적으로 프로그래밍되지 않고도 학습 능력을 갖게 할 수 있는 연구 분야"다(A.L. Samuel, 1959).

머신러닝은 학습 유형에 따라 흔히 네 가지로 분류한다. 지도학습(Supervised Learning), 비지도학습(Unsupervised Learning), 준지도학습(Semi-supervised Learning), 강화학습(Reinforcement Learning)이다.

지도학습은 컴퓨터가 관찰하는 데이터와 그에 대응하는 출력 데이터(답안)가 있는 데이터를 학습해 새로 입력되는 데이터에 대한 예측을 수행하는 것이다. 예를 들면, 흉부 X-ray를 입력해 폐 병변의 유무를 판별하는 모델을 만드는 경우 알고리즘 제작자는 컴퓨터에게 질병이 있는 영상과 없는 영상에 정답을 달아 놓고 학습을 시킨다. 이것이 지도학습의 한 종류인 분류(classification)다. 분류는 답안이 이산적일 때 활용되고, 답안이 연속적인 값일 때는 회귀(regression)라 한다. 숫자로 된 답안을 예측하는 모델이 필요하다면 회귀에 해당하는 것이다.

비지도학습은 컴퓨터에게 입력 데이터만 이용해 학습을 시키고 입력된 데이터에 내재된 특성을 찾아내거나 활용하는 모델이다. 따라서 정답을 맞히는 것은 목적이 아니다. 예를 들어, 나열된 혀 사진을 학습해 그룹화를 한다든가, 내원 패턴을 통해 의료비 지출에 따라서 환자를 그룹화한다든가 하는 모델이 제시될 수 있다. 그룹화를 할 때는 기준이 필요한데 지금은 답안이 없는 상황이니, 데이터들에 나름의 기준을 설정해 비슷한 것들끼리 묶어 줘야 할 것이다. 임의의 K개의 기준점에 따라 데이터들을 그룹화하는 K-평균 군집화, 밀도가 높은 데이터들이 모인 곳을 군집으로 정의하고 밀도에 따라 데이터를 분류하는 밀도 기반 클러스터링(DBSCAN) 등이 있다.

준지도학습은 레이블된, 답이 달린 데이터와 답이 달리지 않은 데이터를 동시에 사용해 학습하는 기법이다. 답을 다는 과정(레이블링)은 분야에 따라 전문성이 필요하거나 긴 시간이 걸릴 수 있어 대용량의 레이블된 데이터를 확보하기 어려운데, 이를 극복하기 위해 소량의 레이블된 데이터를 가이드로 사용하면서 다량의 레이블되지 않은 데이터를 같이 학습시켜 일반화 성능을 높이는 기술이라 할 수 있다.

강화학습은 이전의 학습과는 조금 다른데, '시도와 실패'를 통해 학습을 반복하고 최상의 결과를 얻어 내기 위해 작동하는 기법이다. 행동을 취할 때마다 보상을 제시하고 여러 가지의 서로 다른 행동에 대해 보상을 최대화하는 방향으로 학습을 진행한다. 대표적으로 알파고(AlphaGo)가 있는데, 알파고는 이미 플레이된 기보를 지도학습으로 학습시키고, 지도학습된 정책망끼리 스스로 대전시키며 성능을 강화시키고, 자기 자신의 대전 기록을 복기해 성능을 개선시키는 강화학습법을 사용했다. 알파고와 비슷하게 게임, 로봇 제어, 자율 주행 등의 분야에 활용된다.

딥러닝은 머신러닝의 하위 개념이다. 딥러닝은 인간의 뉴런을 모방한 인공 신경망을 활용한 기법인데, 일련의 시냅스를 형성한 계산 단위인 노드(뉴런에 해당)에 입력 데이터를 넣으며, 각자 계산을 통해 정보를 주고받으면서 최종적으로 신호를 산출하는 구조가 인공신경망이다. 인공신경망은 입력층(Input layer), 출력층(Output layer), 그 사이에 있는 은닉층(Hidden layer)로 구성되는데 은닉층이 두 개 이상인 신경망을 심층신경망(Deep neural network)라 하고, 이를 통한 학습을 딥러닝이라 한다. 딥러닝은 사람보다 학습 속도가 빠르고 기존의 규칙 기반 알고리즘보다 튜닝이 쉽다는 장점을 갖지만 신뢰도 있는 모델을 만들기 위해 굉장히 많은 데이터를 필요로 하고, 왜 그런 결과가 나왔는지 설명하기 어렵다는 단점을 갖는다.

의료 분야에서는 지도학습이 가장 많이 활용된다. 환자의 데이터를 바탕으로 질병 유무를 판정하거나, 병세의 진행 상황을 예측하는 대부분의 모델은 무엇이 정답(레이블)인지 알고 시작하기 때문이다. 예를 들어 한의학에서도 맥상, 설진, 환자의 병력 등에 대한 자료와 진단 결과를 레이블로 달아 두고 충분히 학습시킨다면, 새로 방문한 환자의 정보를 토대로 유사한 패턴을 가진 환자군의 치료 사례를 참고해 진단이나 예후를 추론할 수 있을 것이다.

그러나 의료 현장은 점차 다원화되고 있으며 신약 개발이나 새로운 병리학적 인사이트를 도출하기 위해서는 비지도학습 또는 준지도학습의 중요성도 부각되고 있다. 수십만, 수백만 건의 환자 기록에서 인간이 미처 발견하지 못한 연관성을 찾아내거나, 약물 반응을 새로운 방식으로 분류하는 연구가 대표적 사례다.

문을 열며

필자는 한의학을 전공하고, 한방내과(순환신경내과학) 전문의 과정을 거쳐 실제 임상 현장에서 진료하며 '인공지능을 한의학에 접목할 수 있는 분야는 얼마나 다양할까? 또 현재 어디까지 연구가 이뤄지고 있을까?'라는 의문을 품어 왔다. 이 책은 그러한 궁금증과 탐색의 결과물을 바탕으로 한의학과 인공지능의 결합 가능성이 논의되는 열 가지 테마를 선별해 소개하고자 한다. 이 열 가지 테마는 필자가 직접 고민해 본 분야이기도 하고, 이미 양의학이나 헬스 케어 전반에서 활발히 연구가 진행되는 분야이기도 하다. 또한 한의학이라는 특수성과, 여기에 인공지능이라는 현대 기술이 어떻게 조화를 이룰 수 있을지 살펴볼 만한 분야들이라고 판단했다.

본문에서는 한의학 분야뿐 아니라 양방 의료와 헬스

케어에서 인공지능이 어떻게 사용되는지도 함께 다룰 것이다. 일부 분야는 양의학적 연구 방법론을 그대로 차용해도 무방할 수 있지만, 어떤 분야는 한의학이 가진 독특한 진단 체계를 충분히 반영해야 할 필요가 있기 때문이다. 선행 연구 사례를 살펴보는 것은 이러한 '특수성'을 어떻게 해석할지에 대한 아이디어를 제공할 것이다.

본문을 보면 연구 방법론을 제시하면서 XGBoost, 서포트 벡터 머신, 랜덤 포레스트 등 익숙지 않은 다양한 머신러닝 알고리즘과 테크닉에 대한 설명이 나온다. 알고리즘에 대한 설명을 일일이 쓰는 것은 본서의 방향성과 어울리지 않아 제외했으며, 필자가 공부했던 책인 『파이토치 첫걸음』(제이펍), 『혼자 공부하는 머신러닝 + 딥러닝』(한빛미디어), 『파이썬 딥러닝 텐서플로』(정보문화사) 등의 책에서 기술적 지식을 습득할 수 있을 것이다.

인공지능과 한의학의 만남은 단순히 편의를 위해 기술을 붙이는 차원을 넘어, 전통 의학이 가진 가치와 관점을 새롭게 현대화할 기회가 될 수 있다. 보다 체계적인 데이터 수집과 해석, 그리고 경험적 지식의 정량화·표준화를 통해 한의학이 갖고 있는 직관적·복합적 강점을 더욱 극대화할 수 있을 것이다. 독자들은 이 책을 통해 인공지능의 기본 개념부터 시작해, 의료 현장에서 적용되는 실제 사례와 연구 동향을 폭넓게 이해함으로써 미래 한의학이 나아갈 새로운 길을 함께 모색해 볼 수 있을 것이다. 전통과 현대 기술이 조화롭게 융합될 때, 지금껏 상상하지 못했던 가치와 가능성이 열리리라 믿어 의심치 않는다.

참고문헌

목경열(2022). "한의사의 진료 분야와 의료 적용 분야의 AI 도입과 유용도에 대한 인식 조사 연구". ≪보건의료생명과학논문지≫, 10(2), 413-421쪽.

A.L, Samuel.(1959). "Some Studies in Machine Learning Using the Game of Checkers". *IBM Journal of Research and Development,* 3(3).

D.Y, Jang., et al.(2023). "GPT-4 can pass the Korean National Licensing Examination for Korean Medicine Doctors". *PLOS digit health,* 2(12).

John McCarthy., et.al.(2006). "A Proposal for the Dartmouth Summer Research Project on Artificial Intelligence: August 31, 1955". *AI Mag,* 27(4).

R.C, Deo.(2015). "Machine Learning in Medicine". *Circulation, 132.*

S, Oh., et al.(2019). "Physician Confidence in Artificial Intelligence : An Online Mobile Survey". *J Med Internet Res.*

01
한의학적 진단과 AI

한의학적 진단은 망문문절을 통한 주관적 데이터의 수집과, 이를 미리 학습된 변증과 통합하는 과정으로 이루어진다. 주관적 데이터를 의사 개인이 처리하는 과정은 일괄적인 기준으로 평가하기 어려웠으며, 이를 객관화하고 정량화하기 위한 여러 시도들이 이루어져 왔다. 이에 지금까지 이루어져 온 진단 표준화와, 머신러닝에 기반한 진단 표준화 연구에 대해 정리해 보고자 한다.

AI와 1인 창업?

진단의 표준화

한의학 전공자라면 알 수밖에 없는 변증(辨證). 변증은 한의학의 고유한 진단 방법으로, 사진(四診)에 따라 환자의 임상 증상을 수집하고 이를 결합해 종합 · 분석함으로써 질병에 대한 전체적인 이해를 토대로 증상에 대한 정확한 진단을 내리는 것이다(이봉교, 1986). 변증의 성립은 증상의 집합을 동양의학적 관념으로 집합화한 것으로 정의할 수 있다.

이러한 진단 과정은 육안 관찰을 바탕으로 진단 결정을 내리고, 그에 맞는 치료법을 결정하기 위해 선택한 전략이라 할 수 있으며(Bae, 2022) 개인의 증상과 개체 특이성을 고려한다는 점을 장점으로 갖는다. 그러나 임상 현장에서 환자의 서술이 주관적이며, 보조적 진단 수단인 맥진(脈診, 맥박에서 임상적 정보를 얻어 내는 진단 과정), 설진(舌診, 혀의 색상, 형태, 설태 등을 직접 보고 진단하는 과정) 등의 방법이 주관적인 판단 근거로부터 결과를 도출하는 만큼, 의사 개인의 학습과 경험에 따라 편차를 보일 수 있다는 특징을 갖는다. 따라서 진단의 과정을 획일화하는 것은 굉장히 어렵다고 여겨져 왔으며, 긴 시간 동안 한의사들은 환자의 서술에 잠재된 변증 진단의 근거를 능숙하게 찾아내고 맥진과 설진을 민감하게 감별하는 것을 숙련하는 데 집중했다.

2000년대 중반부터 자연어와 아날로그 위주의 진단을 정량화하고 객관화하기 위해 변증의 표준화를 목표로 하는 연구들이 수행되었다. 대표적으로 수행된 연구는 표준 변증 설문지의 개발로, 1996년 처음 변증 연구가 제안된 이후 많은 변증 진단을 위한 설문 도구가 개발되었다. "한국 표준 질병 · 사인 분류에 따른 한의변증 설문지 개발 및 활용 현황을 고찰한 연구"(장은수, 2016)에서는 한의변증의 카테고리인 어혈, 기혈음양허손, 기허, 노권, 담음, 음허, 육경변증에 대한 설문지와 병명에 따른 분류인 비만, 우울, 경계정충, 중풍, 감모, COPD, 기능성 소화 불량 등 병명에 입각한 설문지 개발 연구가 시행되었음을 확인했다.

또한 한의변증 중 음양표리한열허실(陰陽表裏寒熱虛實)의 팔강증후를 객관적으로 판별할 수 있는 지표 근거와 도구를 수립하고 팔강변증의 임상적 유의성 근거를 확립하고자 팔강변증 한의표준임상진료지침이 개발되는 등 객관성과 정확성을 확보하기 위한 노력을 지속하고 있다.

진단의 정량화, 디지털화

표준화된 설문과 응답을 넘어서, 생체에서 수집된 아날로그 신호를 디지털화해 해석하고자 하는 시도들도 이루어지고 있다. 한의과대학 전공 과목인 '생기능의학'은 '심신을 여러 기능 중심으로 한의학적 관점에서 평가하고 관리함으로써 미병(未病) 관리 및 건강 증진을 목적으로 하는 임상의학'으로 정의되어, 정량화된 생체 신호를 수집해 자율신경계의 교감신경과 부교감신경 기능 및 균형 정도, 육체적 스트레스나 정신적 스트레스, 신체 내부 · 외부 환경에 대한 인체의 적응 정도, 심혈관계 질환의 위험성 등을 평가하는 것을 목표로 한다.

생기능의학 교과서에서는 검사와 평가 과목으로 설문지, 맥파, 심박변이도, 심전도, 심음도, 양도락, EAV, 피부전기자율반응, 적외선 체열검사, 뇌혈류검사, 생체전기 임피던스측정, 모아레, 뇌전도, 위전도, 임피던스 심장기록, 심자도, 모세혈관경, 모발미네랄, 생혈액, 근전도, 자율신경기능, 설진, 음성 분석을 제시한다(생기능의학, 2014). 맥파 그래프를 2차 미분하여 각 파형의 비율 등을 혈관 상태와 연결하는 가속도 맥파, 일정 시간의 심전도 신호를 기록한 뒤 시간 영역 등을 분석하는 심박변이도, 적외선을 감지해 체표 온도를 측정, 비교 분석하는 적외선 체열검사, 경두개도플러 초음파로 뇌혈류 속도를 채취해 혈류 흐름과 협착 정도를 조사하는 뇌혈류 검사, 뇌파 검사 등 대다수의 검사가 생체 신호를 이산적으로 채취해 해석하는 정량화 프로세스를 통해 처리된다.

진단 영역에서의 머신러닝 활용

그렇다면 현재 머신러닝은 진단 영역에서 어떻게 활용되고 있을까? 머신러닝은 학습 종류에 따라 지도학습, 비지도학습, 준지도학습, 강화학습으로 구분되는데, 진단은 대개 문제가 제시되고 이에 대한 답을 탐색하는 과정으로 이루어지므로 입력(x)에 대해 답안(레이블, y)을 지정한 데이터를 학습시키는 지도학습이 적절한 방법론으로 여겨진다. 지도학습 알고리즘은 레이블링된 데이터를 기반으로 환자의 증상, 검사 결과, 의학적 상태 간의 관계를 학습할 수 있으며 질병 분류, 리스크 예측, 환자 결과 예측 등의 작업에 일반적으로 사용된다(Ono, 2022). 로지스틱 회귀, 선형 회귀, 의사 결정 트리, 랜덤 포레스트, 서포트 벡터 머신(Support vector machine), 신경망(Neural network) 등의 테크닉이 사용될 수 있다.

머신러닝은 환자의 증상, 검사 결과, 영상 데이터 등

을 분석해 질병을 분류하거나 진단하는 데 사용될 수 있다. 의료 영상 분석을 위해서는 합성곱 신경망(CNN, Convolutional Neural Network)을 적용한 모델들이 많이 연구되고 있다. CNN이란 딥러닝에서 활용하는 인공신경망의 한 종류로, 특히 이미지 및 시각적 데이터 처리에 특화된 인공신경망이다. 이미지의 공간적 특징을 효과적으로 추출하고 학습해, 이미지 분류, 객체 인식 등 다양한 작업에서 우수한 성능을 보이는 모델이다. 영상의학과 분야의 자료를 기반으로 영상 진단을 시행하는 모델에서 많이 활용하는 기법으로, 뇌 MRI에서 뇌경색 등의 병변을 찾아내거나 흉부 X-ray에서 폐질환을 찾아내는 등의 진단 영역에서 활용되고 있다.

과거의 의료 기록과 현재 상태를 분석해 특정 질병의 발생 가능성을 예측하거나, 심혈관 질환 등의 고위험 상태에 대한 예측을 시행하는 모델 또한 연구되고 있다(Hassan, 2024). Heo 등은 코호트 연구에 등록된 2602명을 대상으로 인구학적 특성, 초기 NHISS score, 뇌졸중 하위 유형, mRS 점수 등 환자의 특징을 변수로 해, 머신러닝 모델을 통해 기존의 예후 예측 체계와 성능을 비교한 결과 심층신경망을 사용한 모델이 기존의 ASTRAL 점수보다 유의미하게 더 나은 성능을 보였다고 보고했다(Heo, 2019). 이와 같이 기존의 예후 예측을 위해 사용된 도구와의 비교 연구를 통해, 머신러닝을 기반으로 한 성능 좋은 예측 모델을 구축하려는 시도가 진행되고 있다.

머신러닝 기반의 변증 연구 방법

머신러닝은 기존의 지식 기반 접근 방법으로 해결하기 어려운 이미지 분류, 언어 처리, 자연어 처리 등에서 숨겨져 있는 패턴을 발견해 해결능력을 보여주는 수단이다(Saxe A, 2021). 이에 자연어와 아날로그 데이터를 통합해 진단을 도출하는 기존의 변증 방법에 대한 연구 방법론으로서 적용이 가능한가에 대한 탐색이 이루어지고 있다. 머신러닝은 변증 과정을 정량적이고 경험적인 방식으로 접근하는 것을 가능하게 하면서(Tian, 2024) 복잡한 변증 과정을 표준화하고 재현 가능하게 만들어 치료의 일관성과 신뢰도를 제고할 가능성을 제시하고 있다(Chen, 2024).

어혈 변증 설문지를 기반으로 한 자가 보고 증상 기반의 어혈 변증 모델 구축 연구에서는, 어혈에 대한 정량화된 평정을 위해 개발된 한국, 중국, 일본의 기존 어혈 관련 설문지를 통합해 새로운 설문지를 만들고, 다중 로지스틱 회귀와 지도학습(supervised learning)의 알고리즘인 의사 결정 트리(decision tree) 모델을 사용해 어혈 변증의 진단을 자동화하는 알고리즘을 개발했다. 이 데이터는 5인의 전문가 판단과 비교해 모델의 유효성을 검증하는 데 사용되었으며, 남성과 여성에 대해 90% 이상의 정확도를 보이는 등 전문가의 최종 판단을 높은 정확도로 재현하는 모델을 구현했다(김현호, 2016).

중의학계에서는 다낭성 난소 증후군(Polycystic Ovary Syndrome, PCOS) 환자를 신음허(腎陰虛), 신양허(腎陽虛), 습담(濕痰), 혈어(血瘀), 기체(氣滯)의 다섯 가지 변증으로 분류하고 임상적 특징에서 주요 변수를 도출, 머신러닝 알고리즘을 통해 변증을 예측하는 모델을 구축했다. RFECV와 XGBoost 기법을 사용한 경우 가장 높은 성능이 확인되었다. 참가자 수가 비교적 적지만 주관적 판단에 의존하던 변증 과정을 머신러닝을 통해 예측을 하도록 구성한 연구다(Lim, 2024). 다른 변증 관련 연구들도 중의학의 표준 변증에 대해 임상 증상과 환자의 특성을 포함한 특징을 추출하고 환자의 변증명을 레이블로 설정한 뒤, 여러 머신러닝 모델을 테스트해 모델 간의 성능을 비교하는 방식으로 이루어졌다.

진행되어 온 연구에서는 대개 의사가 내린 변증이 각

문제에 대한 레이블로 설정되므로, 엄밀히 말해 변증의 참값보다는 '몇 년 이상의 경력을 가진 의사가 내린 진단의 값'을 제시된 문제의 정답으로 삼는다는 것이다. 이것은 혈액 검사나 영상의학적 진단을 기준으로 하는 진단과는 다르지만, 임상적 특징을 기준으로 진단하는 수많은 질병들이 있으므로 한의학적 진단만이 가지는 한계점은 아니다. 그러므로 각 연구에서 검증을 위해 어떤 기준으로 전문가 합의를 도출해야 하는지에 대한 고민이 있어야 할 것이다. 합의 기법 및 결론에 대한 신뢰성 확보를 위한 기법으로 다수 전문가 합의, 평가자 간 신뢰도(Inter-rater reliability) 도출, 패널 회의, 델파이 기법 등에 대해서 고찰하는 것이 대안이 될 수 있다.

공통적으로 삼을 수 있는 고민은 결국 어떻게 문제와 정답이 잘 구성되어 있는 데이터 세트를 대규모로 확보하느냐 하는 것이다. 집단 중 다수가 개원가 임상의로 활동하고 있는 한의계의 현재 상황을 고려할 때 대규모 진료 기반 데이터 수집 플랫폼을 필요로 하는 관점에서, 개원의 중심 연구망(Practice-based research network)의 구축 및 특정 양식을 기반으로 한 임상 연구 보고의 축적이 데이터 확보를 위한 한 대안이 될 수 있을 것으로 생각한다.

참고문헌

김현호 외(2016). "기계학습을 적용한 자기보고 증상 기반의 어혈 변증 모델 구축". *Korean Journal of Acupuncture,* 33(3), pp.102-113.

이봉교(1986), 『한방진단학』, 성보사.

이승희·김종엽(2020). "의료 빅데이터에 기반한 인공지능 기술동향". ≪한국통신학회지(정보와통신)≫, 37(9), 85-91쪽.

장은수 외(2016). "한국 표준 질병·사인 분류에 따른 한의 변증 설문지 개발 및 활용 현황 고찰". ≪동의생리병리학회지≫, 30(2), pp.124-130.

전국한의과대학 진단·생기능의학교실(2014), 『생기능의학』, 군자출판사.

A, Saxe., S, Nelli., & C, Summerfield.(2021). "If deep learning is the answer, what is the question?". *Nature Reviews Neuroscience, 22*(1), pp.55-67.

A. Hassan., et al.(2024). "Predictive modelling and identification of key risk factors for stroke using machine learning". *Scientific Reports, 14.*

D, Tian., W, Chen., et al.(2024). "A review of traditional Chinese medicine diagnosis using machine learning: Inspection, auscultation-olfaction, inquiry, and palpation". *Computers in Biology and Medicine, 170.*

F, Sogandi.(2024). "Identifying diseases symptoms and general rules using supervised and unsupervised machine learning". *Scientific Reports, 14.*

H.J, Bae., S.H, Lee. & C.E, Kim.(2022). "A Novel Framework for Understanding the Pattern Identification of Traditional Asian Medicine From the Machine Learning Perspective". *Frontiers in Medicine,* 8.

J, Heo., et al.(2019). "Machine Learning-Based Model for Prediction of Outcomes in Acute Stroke". *Stroke, 50*(5), pp.1263-1265.

J, Lim., et al.(2024). Predicting TCM patterns in PCOS patients: An exploration of feature selection methods and multi-label machine learning models. *Heliyon, 10*(15).

S, Ono., T. Goto.(2022). "Introduction to supervised machine learning in clinical epidemiology". *Ann Clin Epidemiol,* 4(3).

02
사상체질의학과 AI

인간을 증상과 성정에 따라
태양 · 태음 · 소양 · 소음인의 네 가지로
분류해 각 체질에 따른 처방으로 치료하는
사상체질의학. 사상체질의학의 실제적 분류를
규명하기 위해 이루어졌던 시도들을 돌아보고,
AI를 활용한 연구와 가능성에 대해 살펴본다.

AI와 MBTI?

사상체질의학이란?

사상체질의학(이하 사상의학)은 조선 후기의 의학자인 이제마(李濟馬, 1838~1900)가 창안한 한국 고유의 전통 한의학 이론으로, 사람의 체질을 태양인, 태음인, 소양인, 소음인의 네 가지로 분류하고 각 체질에 따라 다른 생리적 특징, 병리적 경향, 심리적 성향을 가진다고 보는 의학적 관점이다. 따라서 사상의학에서는 진단과 치료 경로를 설정하기 위해 어느 체질에 배속되는지를 매우 중요하게 여겼으며, 용모사기(容貌詞氣), 체형기상(體形氣像), 성질재간(性質材幹), 병증약리(病證藥理) 등을 판정 수단으로 삼았다. 그러나 이러한 진단 수단은 각 개인의 복합적인 요인으로 인해 정확한 구분이 어렵고, 주관적 판단 요소가 개입한다는 점이 약점으로 꼽힌다. 따라서 정량적 요소를 활용해 진단을 하려는 시도들이 이루어져 왔는데, 후술할 체간계측, 안면계측, 유전체를 통한 분류, 설문지 개발[QSCC, Questionnaire for the Sasang Constitution Classification(II)] 등의 시도가 있었다. 임상 한의사를 대상으로 한 설문 중 '초진 환자의 사상체질 진단에 있어서 어떤 방법을 주로 활용하십니까(중복 응답 허용)?'라는 문항에 444명(89.2%)이 망문문절(望聞問切)을 선택했고, 설문지법에 152명(30.5%), 체간계측법에 66명(13.3%), 안면계측법에 29명(5.8%), 음성분석법에 15명(3%) 순으로 보고되었다(조일현, 2020).

사상체질의학의 신체적 진단법

이제마의 저서인 『동의수세보원』은 총 네 권으로, 이를 바탕으로 형성된 사상체질의학에서는 그중 '사상인변증론(四象人辨證論)'에 기록된 신체적 요소, 즉 체형기상(體形氣像, 체형과 신체적 형태)과 용모사기(容貌詞記, 얼굴 생김새와 말투 등), 심리적 요소인 성질재간(性質才幹), 항심(恒心, 항상 가지고 있는 마음), 심욕(心欲), 병리적 증상과 처방약에 대한 반응인 병증약리(病證藥理)의 각 내용을 종합적으로 평가해 진단하고 있다(사상의학, 2024). 이에 『동의수세보원』의 이론적 배경에서 신체를 계측해 체질 진단을 정의하려는 몇 가지 시도가 있다.

체간측정법은 『동의수세보원』의 장부론에서 정의된 사초(四焦)를 기준으로 체간을 측정해 체질을 판별하는 것으로, 액와횡문 기시점의 연결 거리, 좌우측 유두를 경유해 좌우측 적백육제(赤白肉際)까지의 직선거리, 배꼽인 신궐(CV8)에서 좌우측 적백육제까지의 직선거리, 양측 전상장골극(Anterior Superior Iliac Spine, ASIS)의 연결 거리를 기준으로 하고, 각 체질별로 체간 길이에 따라 분류하는 방법이다(허만회, 2002).

안면계측법은 『동의수세보원』의 사상인변증론에서 사용한 용모사기(容貌詞記) 중, 용모가 얼굴의 형태 및 인상을 포괄하므로 각 체질의 표준 안면을 설정한 후 표준과 환자 안면간의 유사성을 바탕으로 체질을 판정하는 기법이다(이의주, 2006).

사상체질의학과 AI

위에서 언급한 체간계측, 안면계측, 설문지법 등에서 수집된 값은 환자의 특성으로서 머신러닝 기법의 사용에 활용될 수 있다. 박사윤 등은 머신러닝을 통해 사상체질 진단의 1338명의 환자를 대상으로 사상체질 분류를 시행한 뒤, 248가지의 특징을 토대로 데이터 세트를 구성한 뒤 다섯 가지 알고리즘을 사용해 분석을 시행했다. 분석 결과 ERT(Extremely Randomized Tree)와 비선형 SVM(Support Vector Machine) 모델의 분류 성능이 우수하게 나타났으며, 체간과 늑골 각도 등의 신체 측정, 성격, 일반적인 특징 등이 체질의 유형을 측정하는 데 중요한 역할을 함을 밝혔다(Park, 2021).

안일구 등의 안면 데이터를 활용한 연구에서는 3738

명을 대상으로 태음인/비태음인, 소음인/비소음인, 소양인/비소양인의 이진 분류를 시행, 합성곱 신경망 알고리즘으로 안면 영상을 분류해 태음인과 비태음인의 분류, 소음인과 비소음인의 분류, 소양인과 비소양인의 분류 성능에서 각각 79.94%, 86.05%, 73.22%의 정확도를 보였다(안일구, 2022).

김정균 등은 안면의 특징을 검출해 분류하는 안면계측법에 따른 체질 진단에 착안해, 773명의 안면 사진에서 2279개의 특징을 추출했다. 추출한 특징에 설명 가능한 인공지능(eXplainable AI, XAI) 기술인 SHAP(Shapley Additive Explanations)를 적용, 각 체질의 안면에서 추출 가능한 특성을 확인하고 사상체질별 안면 비율의 열 개의 중요 특징과 BMI, 성격 외향성 설문을 인풋으로 XGBoost 모델을 사용해 태음, 소음, 소양인을 분류한 정확도는 각각 81.90%, 90.49%, 81.90%로 확인되었음을 보고했다(김정균, 2024). 인공신경망이 각 안면의 공통적인 패턴을 인지하고 학습해 예측할 수 있는 모델을 제작한 예시라 할 수 있다.

이와 같이 정성적 요소보다는 비교적 계측이 가능하고 정량화된 데이터를 활용해 구축된 모델로 체질 분류가 가능하도록 하는 시작 단계의 시도가 이루어지고 있다.

사상체질의학 진단의 신뢰도를 위해

체질과 관련된 질문을 받아 봤거나, 체질을 판정해 진료에 활용해야 할 입장에 놓여 본 경험이 있는 누구나 간편하게 체질을 판정해 주는 인공지능 어시스트의 존재를 생각해 본 적이 있을 것이다. 그러나 이는 진단 과정을 검증하는 관점에서 꽤나 까다로운 문제인데, 체질을 판정하는 알고리즘이 내놓은 결과가 실제 사상체질의 참값과 일치하는지와, 그 참값의 타당성을 검증하기 위해 어떤 과정이 필요한지를 고민해야 하기 때문이다.

사상체질 진단을 기반으로 한 연구는 대개 사상체질의학 전문의 혹은 일정 이상의 임상 경력을 가진 사상체질 전문가의 판정 진단에 의거한다. 따라서 전문가 간의 진단 일치율과, 카파 계수(Kappa, 전문가들 간의 판단의 일관성을 정량적으로 보여 주는 지표)와 같이 측정 범주 값에 대한 일치도를 측정하고 진단 일치율을 확보하기 위한 노력이 필요하다 할 수 있다.

한은경 등은 2017년까지 발표된 사상체질 진단 관련 연구 127편을 분석한 결과, 전문가가 진단했다고 밝힌 스물여섯 편 중 네 편(14.8%)만이 복수의 전문가 진단에 의거했다. 복수의 전문가가 진단했다고 보고한 네 편의 연구 중 세 편은 전문가 간 진단 결과 일치율을 각각

"90%이상", "3인 2조의 진단에서 각 52.5%(kappa 0.248), 66.7%(kappa 0.458), 68.4%(kappa 0.501)", "87%" 로 보고했다. 한 편의 연구에서는 진단 시 우선적으로 사용하는 항목의 전문가 간 일치도(33.5%)를 보고했다. 이 결과를 토대로 전문가 간 합의를 향상시키기 위한 기본 조건으로 복수의 전문가를 포함한 진단 연구 설계가 필요하며, 복수 전문가 간 진단 일치도를 Kappa 계수 등을 사용할 필요가 있음을 지적했다.

사상체질 전문의이거나 진료 경력 5년 이상의 사상체질 전문가 3인이 데이터베이스에 포함된 66명의 사상체질을 판별한 결과, 체질 진단 일치도가 52.5%~68.4% (Kappa 0.248~0.501), 개별 전문가의 체질 진단 타당도는 54.3%~63% (Kappa 0.283~0.421)로, 낮거나 중등도 정도의 일치도 및 타당도를 나타냈다(백영화 외, 2014).

사상체질 분류는 단순한 체질 분류뿐 아니라, 투약 후 환자가 호소하는 증상이 개선되는 것을 목표로 하지만 임상적 반응을 관찰하기 이전에 복수의 전문가가 관여된 사상체질 진단의 정확도를 높이는 방법에 대해 초점을 둘 필요가 있다(백영화 외, 2014). 이 문제는 변증연구에서 감안할 점과 마찬가지로, "사상체질 진단의 참값"의 정의에 대한 고민으로 이어지며 진단에 필요한 일정 패턴을 발견하기 위한 연구가 지속적으로 이루어져야 할 것으로 보인다. 레이블에 해당하는 진단 결과에 대한 타당화가 적절하게 이루어졌을 때, 사상체질 분류에 대한 모델의 신뢰도와 활용도가 확보될 수 있을 것이다.

참고문헌

김정균·안일구·이시우(2024). "설명 가능한 인공지능을 활용한 안면 특징 분석 기반 사상체질 검출". ≪사상체질면역의학회지≫, 36(2), 39-48쪽.

백영화 외(2014). "사상체질 전문가의 체질 진단 일치도 및 타당도 평가". ≪사상체질의학회지≫, 26(3), 295-303쪽.

안일구 외(2022). "콘볼루션 신경망 기반의 안면영상을 이용한 사상체질 분류". ≪사상체질면역의학회지≫, 34(3), 31-40쪽.

이의주 외(2006). "사상인 용모분석을 위한 얼굴표준 및 얼굴유형에 대한 연구현황". ≪사상체질면역의학회지≫, 18(2), 25-33쪽.

임병학·최구원·김형기(2018). "『동의수세보원』의 마음론과 사상인(四象人) 변별 고찰". ≪한국학논집≫, 72(72), 209-236쪽.

전국한의과대학 사상체질의학교실(2024), 『사상의학』, 군자출판사.

조일현 외(2020). "사상체질병증 임상진료지침 개발을 위한 임상 현황 조사연구". ≪사상체질의학회지≫, 32(4), 29-44쪽.

허만회·고병희·송일병(2002). "체간 측정법에 의한 체질판별". ≪사상체질면역의학회지≫, 14(1), 51-66쪽.

S.Y, Park et al.(2021). "Machine learning-based prediction of Sasang constitution types using comprehensive clinical

information and identification of key features for diagnosis".
Integrative medicine research, 10(3), pp.1–8.

03
맥진과 설진, 그리고 AI

망문문절(望聞問切)의 사진(四診)에서 빼놓을 수 없는 맥진과 설진. 두 진단 방법은 의사의 감각 기관을 활용해야 하며, 주관이 개입될 수밖에 없다는 특징을 갖는다. 이에 어떻게 이를 정량화하고 객관화해야 하는지, 그리고 어떤 AI 기술을 접목했는지에 대해 다룬다.

AI와 난임 극복?

맥진의 디지털화

맥진은 한의학의 사진(四診) 중 절진(切診)에 해당하며, 맥의 깊이와 세기, 리듬, 폭 등을 손끝 감각으로 파악해 진단하는 방법이다. 다른 진단 기술들과 비교했을 때 맥진이 주로 개인의 숙련도와 감각에 의존한다는 점 때문에 임상가들 사이에서도 의견이 가장 분분한 도구 중 하나로 꼽힌다. 맥진은 텍스트만으로 완벽하게 학습하기 어려워 주로 도제식 교육을 통해 전수되며, 맥이 가진 특성을 정량화하고 객관화하기가 까다롭다는 점에서 끊임없는 논란의 대상이 되었다.

이러한 논의는 예전부터 있어 왔으므로, 맥진을 기계적으로 측정 · 분석하는 기계 형태의 맥진기를 개발해 맥파를 정량적으로 기록하려는 시도도 꾸준히 지속되어 왔다. 최초의 맥진기는 1960년대 경희대학교의 이봉교 교수가 개발했다(이유정, 2009). 사람의 감각을 벗어나 기계를 통해 객관적인 맥파 측정에 대한 요구가 있었기 때문이다. 그러나 지금까지 다양한 맥진기가 개발되었음에도 임상 현장에서 이를 전적으로 활용하는 사례는 제한적이다. 가장 문제가 된 것은 신뢰성과 재현성의 부족, 그리고 공학적 측면에서 맥압과 동시에 맥위를 측정하기 어렵고 맥폭(脈幅)과 맥장(脈長)을 동시에 측정하기 어렵다는 점 등을 활용도가 낮은 이유로 제시한다(이유정, 2009).

맥진을 과학화하고 정량화하기 위해서는 우선 맥이라는 현상을 일정한 기준을 가진 물리량으로 전환하는 과정을 필요로 한다. 대한한의진단학회는 맥상 정량화를 위한 전문가 협의체를 구성해 델파이 기법에 기반한, 맥상에 적용 가능한 물리량 속성 일곱 건(맥의 깊이, 빠르기, 세기, 너비, 길이, 불규칙성, 긴장도)에 대한 전문가 합의와 열 개 기본 맥상(浮, 沈, 遲, 數, 洪, 細, 虛, 實, 促, 結)에 대한 물리량에 대한 총의, 2차 델파이를 통해 다섯 개 맥상(緩, 滑, 澁, 弦, 緊脈)에 대한 총의를 도출했다(김영민, 2016).

2024년 현재에는 건강보험 청구가 가능한 3차원 맥영상 검사기가 출시되어 있다. 3차원 맥영상 검사는 대요메디(주)에서 직접 개발한 맥진기 국제표준인 ISO 18615-General requirement for basic safety and essential performance of electric radial pulse tonometric devices에 부합한 전자 의료 기기이며(강희정, 2023), 단계별 정밀한 가압 조절이 가능하며, 다채널 압력 센서를 이용해 혈관 위치 확인이 가능하고, 거안심(擧按尋, 맥진을 할 때 손가락으로 누르는 세기를 달리 하는 방법)의 진단 기법을 정밀하게 구현함으로써 객관적인 맥상 정보를 제공하는 3차원 맥파 영상 분석 장비로 정의되어 있다.

설진의 디지털화

설진은 망진(望診), 문진(聞診), 문진(問診), 절진(切診)의 사진(四診) 중, 망진의 하나로 혀를 이용해 신체의 이상 여부를 진단하는 방법이다. 설체(舌體)와 설태(舌苔)의 색상, 모양, 크기 등을 통해 어떠한 변증에 속하는 상태인지 판단하는 진단 지표로, 설질의 색깔에서 흰색이 강한 담백설은 기혈 부족과 허증과 한증을 나타내며, 붉은 빛이 강한 경우 실열증 또는 허열증을 나타내고 백태는 허증(虛證), 한증(寒證), 습증(濕證), 표증(表證)과 관련 있고, 황태는 열사(熱邪)가 혀의 표면에 반영되는 상태를 나타내며 이열증(裏熱證)과 관련이 깊다. 회태와 흑태는 "열기가 극심해 몸에 진액을 마르게 한 상태"와 "양기가 부족하고 한기가 극성한 상태"의 증과 깊은 관련이 있다고 간주하는 등(김근호, 2016), 임상적인 관찰에 따라 혀의 상태를 증상과 변증에 맞게 분류(classification)한 모델로 볼 수 있다.

설진을 보조하기 위해서 컴퓨터 비전 시스템을 활용

한 다양한 연구가 활발히 진행되어 왔다. 디지털 카메라와 별도의 디지털 이미징 소프트웨어를 결합해 혀의 색상 특징을 분석하는 방법을 탐구한 연구에서는 2백 명의 혀 이미지를 수집하고, 음허 · 담음 · 한열 변증 설문지의 답변을 받아 혀에서 나타나는 휘도, 적녹색과 황청색 밸런스 값을 계산해 회귀 모델을 만드는 연구(Park, 2016)가 시행되었다.

한의학연구원은 3차원 디지털 영상으로 혀를 촬영해 설진을 시행하는 설진기(K TAS-4000)를 개발했다. 이 설진기는 간접 조명을 사용해 혀 표면 반사광을 최소화하고, 혀의 색깔 · 모양 · 깊이 · 두께 등의 지표를 측정해 3차원 영상으로 분석을 시행, 설질 색상을 담백설 · 담홍설 · 홍설 · 청자설로 분석하고 설태의 후박(厚薄), 백태 · 황태, 치흔 강도 분석 등을 제시하는 기기다.

맥진, 설진과 머신러닝

각각의 개인 의사가 맥진과 설진에 숙련되기 위해서는 보통 텍스트로부터 명시적 지식을 학습하고, 직접 환자 혹은 정상인을 대상으로 진단을 시행하면서 지도자로부터 맥상(脈象) 및 설상(舌狀)에 대한 피드백을 포함한 암묵적 지식을 전달받음으로서 개인 학습을 강화하는 학습법이 일반적이다. 이는 지도자가 레이블링을 한 데이터 세트를 대상으로 본인이 수집한 데이터를 통해 진단에 필요한 함수를 도출하는 것과 유사해, 구조적으로는 지도학습과 유사한 면이 있다고 생각할 수 있다.

Tian 등은 맥진 센서로부터 추출한 신호를 상용 소프트웨어로 분석해 각각의 맥파 신호에 대해 레이블링을 하고, 전처리와 특징 추출을 한 뒤 16개의 알고리즘을 통해 모델을 형성했으며, 이 중 CS-GBDT(Cuckoo search and Gradient boosting decision system)라는 알고리즘을 적용할 때 가장 좋은 성능을 확인했다(Tian, 2024). 이와 같이 레이블된 데이터를 바탕으로 수집된 신호를 최적화하고, 노이즈를 제거하고 모델을 선정해 검정하는 것은 지도학습을 사용한 연구 사례라 할 수 있다(Shi, 2022).

딥러닝을 사용한 이미지 패턴 분석이 주목을 받기 시작한 이후로 설진에서 이미지의 특징을 효과적으로 추출해 분류를 시행하는 합성곱 신경망(Convolutional Neural Networks, CNN)과 같은 기법을 사용하는 연구 방법론 또한 주목을 받기 시작했다.

예를 들어, 비허(脾虛) 변증인 경우 나타날 수 있는 치흔설(齒痕舌)을 인식하는 연구의 경우 총 1548장의 혀 이미지 데이터 세트를 활용해, ResNet34 CNN 아키텍처를 사용해 분류 작업을 시행한 뒤 정상과 치흔설 각각 90% 이상의 정확도를 기록했다(Wang, 2020).

혀를 통해 질병과 건강에 대한 정보를 얻는다는 아이디어에 착안해, 기존의 진단 방법을 넘어선 새로운 모델을 만드는 접근 방법 또한 이루어지고 있다. Yuan 등은 위암 진단에 있어 혀의 색, 크기, 형태, 그리고 설태의 색, 두께, 수분 함량 등 혀 이미지로부터 추출한 특징과 함께 혀 표면의 마이크로바이옴 정보를 활용, 이미지와 마이크로바이옴의 위암 진단에 대한 활용 가능성을 연구했다. APINet, TransFG, DeepLabV3+의 세 가지 딥러닝 모델을 활용해 설 이미지와 설태 미생물 군집 데이터를 분석한 결과, 진단 정확도를 나타내는 AUC 값이 각각 0.89와 0.95에 달한다는 결과를 보였는데, 기존의 혈액 기반 종양 표지자들과 비교했을 때 훨씬 더 우수한 진단 능력을 보여 준다(Yuan, 2023).

맥진과 설진에 대한 연구는 전통적 진단 방법에 대해 진단의 정확도를 높이고 패턴을 찾아내는 방법과, 맥진과 설진이라는 진단법 자체에서 착안해 새로운 모델을 만드는 방식으로 진행되고 있다. 다만 이 연구들을 성공적으로 수행하려면 일정한 기준과 프로토콜에 따라 대규모 데이터를 안정적으로 확보하는 일이 필수적이다. 신뢰할 만한 데이터 세트가 뒷받침되어야 모델의 재현성과 임상적 활용성이 높아지기 때문이다. 앞으로 이러한 디지털화 · 표준화 노력이 계속된다면 맥진 · 설진 기반의 진단 모델이 더욱 발전해 임상 현장에서 한의사의 의사 결정을 지원하는 강력한 도구가 될 수 있을 것이다.

참고문헌

강희정·구태훈·김경철(2023). "마황성분 체중감량 한약제제가 심혈관계에 미치는 영향 : 3차원 맥영상 검사 연구". ≪한방비만학회지≫, 23(1), 28-41쪽.

김근호·남동현(2016). "설진기의 개발 동향." ≪전자공학회지≫ 43(12), 35-43쪽.

김영민·김재욱(2016). "맥진단 기술의 고도화를 위한 KIOM 연구 개발 현황". ≪전자공학회지≫, 43(12), 24-34쪽.

김춘호(2017.7.24). "한의학연, 혀로 보는 건강 '설진기' 업그레이드 개발". ≪민족의학신문≫.

이유정·이전·김종열(2009). "맥진기술동향 조사를 통한 맥진기 개발방안 제안". ≪동의생리병리학회지≫, 23(1), 174-179쪽.

Shi, Yulin., et al.(2022) "A New Approach of Fatigue Classification Based on Data of Tongue and Pulse With Machine Learning". *Frontiers in physiology,* 12.

Wang, Xu., et al.(2020). "Artificial intelligence in tongue diagnosis: Using deep convolutional neural network for recognizing unhealthy tongue with tooth-mark". *Computational and structural biotechnology journal,* 18, pp.

973–980.

Y.J, Park., et al.(2016). “Reliability and validity of tongue color analysis in the prediction of symptom patterns in terms of East Asian Medicine”. *Journal of traditional chinese medicine,* 36(2), pp.165 – 172.

Yuan, Li., et al.(2023). “Development of a tongue image–based machine learning tool for the diagnosis of gastric cancer: a prospective multicentre clinical cohort study”. *Eclinicalmedicine,* 57.

Z, Tian., Y, Jia(2024). “Machine Learning Aided Prediction of Pulse Condition in Traditional Chinese Medicine”. *2024 9th International conference on intelligent computing and signal processing(ICSP),* pp.431–434.

04
처방 의사 결정과 인공지능

임상 의사 결정 지원 시스템(CDSS)의 사례로부터 한의학 분야에 대한 적용 가능성을 탐구하고, 한의사가 치료 계획을 수립하고 처방을 내리는 과정에서 인공지능이 효과적인 도움을 줄 수 있는 분야에 대해 탐구한다.

AI와 사주?

임상 의사 결정 지원 시스템

임상 의사 결정 지원 시스템(Clinical Decision Support System, CDSS)이란 환자로부터 얻어진 임상 정보를 바탕으로 의료인이 질병을 진단하고 치료할 때 의사 결정을 도와주는 정보 시스템으로 정의된다(Sim, 2001). CDSS는 예방, 진단, 치료, 예후에 모두 적용이 가능한데, 대부분 전자 의무 기록과 처방 전송 시스템에서 처방된 의약품에 대한 데이터를 전달받은 뒤, 정해진 규칙에 따라 정보를 분석해 금기 혹은 부작용, 병용 투여에 대한 분석을 하는 형태로 이루어진다. 임상 의사 결정 지원 시스템은 진료 시 필요한 정보를 활용해 피드백을 제시하고, 진단 및 치료 과정에서 환자에게 발생할 수 있는 위해를 줄이고 치료 효과를 높이기 위해 활용될 수 있다.

CDSS는 진단의 정확도를 높이고, 진료의가 놓칠 수 있는 잠재적인 오류를 제시할 수 있으며 고위험군에 대한 질병 예방 계획을 제시할 수 있는 장점을 갖는다.

한의학적 임상의사 결정 지원 시스템

중국에서는 전통 중의학(Tradtional Chinese Medicine, TCM) 분야에 대한 CDSS 개발이 이루어지고 있다. TCM 분야에서의 CDSS 개발을 리뷰한 논문에서는 의서, 임상

례, 명의(名醫)의 경험을 수집하고 데이터 마이닝 기술로 표준화해 지식 모델을 구축하고 증후 및 질병의 관계를 분석하고, 중의학 원리에 기반한 의사 결정 규칙을 생성해 데이터베이스를 구축하고, 자연어 처리를 통한 방대한 중의학 문헌과 임상 데이터를 처리해 패턴과 규칙 추출과 딥러닝과 머신러닝을 통한 환자 데이터를 학습해 진단 및 치료 모델 지속적 개선이 이루어질 수 있다고 보고했다(Jiang, 2024). 이는 국내에서도 참고할 만한 구축 계획으로 보인다.

한의계에서도 CDSS 구축을 위한 여러 연구가 진행되었는데, 한의박사 시스템은 약 2만 개의 방제학 데이터, 3천 종 이상의 본초학 정보, 그리고 100개 이상의 방 조제 지침을 기반으로 환자가 호소하는 주요 증상을 입력하면 과별 복합 증상의 연관성을 분석하고 가장 적합한 방제를 추천하는 기능을 제공한다. 증상을 선택하고 단계적으로 제시되는 질문에 답변하면 최종적으로 가능성이 높은 질환과 이에 대한 설명, 치료 방법, 한방 요법 등의 정보를 제공한다(www.mnkorea.co.kr).

OMS-Prime은 1995년 보건복지부 연구 개발 과제로 시작되어 개발된 한의학 진단 및 처방 전문가 시스템으로, 한의학 진단 규범화 작업을 토대로 한방 진료 시 의사 결정을 지원하고 증상과 증후, 증후와 처방 간의 관계를 체계적으로 정리한 프로그램이다. 환자의 증상을 입력하면 표준화된 진단 및 처방 결과를 도출하는 작동 방식이다(최승훈, OMS-prime).

박종현 등(2006)은 병증을 논리적으로 표현하는 방식을 결합해 진단 요건에 대한 온톨로지(지식적 개념 간의 관계를 컴퓨터가 이해할 수 있도록 하는 도구)를 구축하고, 증상을 입력할 경우 자동으로 다음 질문을 생성해 추론 과정을 통해 진단명을 도출하는 시스템을 설계 및 평가했다. 2014년에는 온톨로지를 활용한 웹 기반 한의 진료 지원 시스템을 구축했다(서진순, 2014).

최근 한의학계에서 개발된 대표적인 CDSS로는 헬리큐어가 서비스하는 '예진(Ye-jin)'이 있다. '예진'은 환자 정보를 입력하고 환자를 등록한 뒤, 환자에게 카카오톡으로 증상 설문 링크를 전송한다. 환자는 자가 보고 형태로 증상에 대한 설문에 응답하고, 보고된 환자의 증상을 진료 의사가 선택한 뒤 제출하면 독자적 진단 알고리즘을 통해 변증을 선택하고, 처방 단계에서 알고리즘이 추천한 처방과 약재를 참고할 수 있는 형태로 구성되었다(한의신문, 2024).

주식회사 7일이 개발한 '인삼AI'는 거대 언어 모델에 검색증강생성(RAG) 기법을 활용해 개발된 엔진으로, 자연어로 입력된 환자의 상황을 한의학적 관점에서 증상 정리, 변증 진단을 추천하고, 데이터베이스를 기반으로 여러 가지 처방들을 알려 주는 인공지능 엔진으로 소개된다(https://www.insam.ai/). 한의사와 한의대생의 진료와 학습을 도와주는 형태를 추구하며, 임상 현장에서 진료를 보조하는 역할로 사용될 것이고 유사한 방식으로 학생 교육의 측면에서도 활용할 수 있다고 밝혔다. 나아가 개인의 건강 상태를 AI와 함께 공유하며 AI의 건강 조언을 받거나 건강 행동을 촉구하는 등의 맞춤형 건강 관리 서비스를 구축할 수도 있음을 언급했다(김춘호, 2024).

처방과 치법과 진료지원

처방제형학 교과서에서는 처방과 치법의 관계를 이(理)·법(法)·방(方)·약(藥)으로 나누어 설명한다. 한의학 이론에 근거해 사진(四診)에 의해 얻어진 자료를 토대로 병인·병기 등을 파악하는 이(理), 변증에 의해 얻어진 종합 판단에 의해 상응하는 치료 원칙과 구체적 치료 방법을 도출하는 법(法), 치법에 근거해 합리적으로 처방을 선택하는 방(方), 적당한 약물을 가감(加減)해 처방을 완성하는 약(藥)으로 구분된다(박성규, 2016). 한의학에서의 처방 프로세스는 진단을 거쳐 치법을 결정하고 처방을 선택한 뒤 약물을 가감하는 과정을 거친다고 정리할 수 있다.

대부분의 한의사들은 치법에 따라 처방을 결정한 후, 한약재를 가감해 처방을 완성한다. 여기서 생각해 볼 수 있는 것으로는 증상에 따른 가감의 추천과 복용 중인 약과의 상호 작용이 있다.

자연어로 기술된 증상을 인식해 솔루션을 제시하는 것은 한국어 자연어 처리를 통해 이루어질 수 있다. Kim 등은 의학 지식에 관련된 약 6백만 개의 문장과 1억1600만 개의 단어를 KM-BERT(Korean Medical-Bidirectional Encoder Representations from Transformers)라는 자연어 처리 모델에 적용해 진료과를 추천하는 모델을 구축했는데(Kim, 2022), 환자의 진술에 의거해 필요한 정보와 결합한다는 구조를 고려해 보면 특정 약재의 가감법에 기술을 적용할 여지가 있다.

다음으로 약물 간 상호 작용에 대한 진료 지원에 대해 논해 보고자 한다. 잘못된 통념과는 달리 한약은 복용 시 대부분 심한 문제를 일으키지 않으며 간 손상의 원인일 가능성도 그다지 높지 않다. 한국한의학연구원 주도의 국가 단위 다기관 관찰 연구(Cho, 2017)나 강동 경희대 한방병원 입원 환자 대상 연구(Lee, 2021)에서 모두 0.6% 미만의 약인성 간 손상을 보였다. 그러나 와파린을 복용하는 경우 인삼 단독 투여가 와파린의 효과를 떨어트리거나, 마황과 강심제인 디곡신을 병용할 경우 상승 효과가 나타나는 등 병용 시 주의를 기울여야 할 경우가 있다. 한의약융합연구정보센터(KMCRIC)의 약물 상호 작용 데이터베이스는 한약과 양약, 식이보충제, 음식 등의 약물 상호 작용을 제시해 주는데, 진료 현장에서 한약 처방을 내릴 때마다 데이터베이스에서 검색을 하고 결과를 통합하는 과정은 번거로울 수 있고 진료 의사가 임의대로 생략할 가능성이 있다. 전자 차트 등에 데이터베이스를 통합해 환자의 복용 약물과 의사가 처방하려는 약물을 대조하고, 데이터베이스에서 정보를 리콜해 상호 작용 가능성이 있을 경우 정보 알람을 제시하는 시스템 등이 진료 현장에서 도움이 될 수 있을 것이다. 이 과정에서 환자의 응답 혹은 의사가 작성한 의무 기록을 자연어 처리를 통해 활용하는 것이 효율적인 관리를 위해 사용될 수 있는 기술일 것이다.

향후 과제

잘 구축된 CDSS는 한의 임상 현장에서 진료의에게 적절한 의학적 조언과 환자의 상태를 감안해 오류가 발생할 확률을 낮출 수 있다는 효용성을 갖는다. 그러나 데이터베이스의 규모가 작거나, 오류가 포함된 경우 시스템의 신뢰가 저하될 수 있다는 문제를 갖는다. CDSS의 성공적인 구축과 활용을 위해서는 대규모의 정제된 임상 데이터가 필수적이다. 대규모로 정제된 임상 데이터가 비교적 부족한 한의계의 현실을 감안할 때, 정형화된 형태로 기록을 수집할 수 있도록 통합된 의무 기록 수집 플랫폼 등의 방안으로 개인 의원과 병원에서 발생하는 데이터를 수집하는 것이 중요할 것으로 보인다. 신뢰도 있는 지원 시스템의 구축을 위해서는 신뢰도 있는 데이터가 필요한 만큼, 통합적인 지식 정보 관리 시스템의 형성이 중요할 것으로 전망한다.

참고문헌

김춘호(2024.12.18.), "인공지능 시대, 한의학과의 결합 – 교육과 진료의 미래를 준비하다". ≪민족의학신문≫. https://www.mjmedi.com/news/articleView.html?idxno=59678

박성규(2016), 『처방제형학』, 영림사.

박종현 외(2006). "한의진단 Ontology 구축과 평가". ≪동의생리병리학회지≫, 20(1), 202-208쪽.

서진순 외(2014). "온톨로지를 활용한 웹 기반 한의 진료 지원 시스템". ≪동의생리병리학회지≫, 28(1), 113-121쪽.

주혜지(2024.1.19.). "한의 임상진단 지원 맞춤 솔루션 '예진' 출시". ≪한의신문≫. https://akomnews.com/bbs/board.php?bo_table=news&wr_id=56431

최승훈, OMS-prime(동의표준-한방자기진단 시스템). http://www.omstandard.com

한의박사. www.mnkorea.co.kr

한의약융합연구정보센터(KMCRIC) 약물 상호 작용 데이터베이스. https://www.kmcric.com/database/interact_search

Jiang, Youlin., et al.(2024). "A review on the development of TCM clinical decision support system". *China digital medicine*, 19(5), pp.1-7.

J,H, Cho., et al.(2017). "A nationwide study of the incidence rate of herb-induced liver injury in Korea". *Archives of toxicology,* 91(12), pp.4009 - 4015.

NVIDIA(2024). NVIDIA T4. https://www.nvidia.com/ko-kr/data-center/tesla-t4/

NVIDIA(2025). NVIDIA H100 Tensor 코어 GPU. https://www.nvidia.com/ko-kr/data-center/h100/

Sim, I., et al.(2001). "Clinical decision support systems for the practice of evidence-based medicine". *Journal of the american medical informatics association,* 8(6), pp.527-534.

S.H, Lee., et al.(2021). "Safety of co-administration of herbal and conventional medicines on liver and kidney function in stroke patient s: A single-center retrospective study".

Phytomedicine, 81.
Stanford HAI(2024). Artificial intelligence index report 2024. https://aiindex.stanford.edu/report/
YM, Kim., et al.(2022). "A pre-trained BERT for Korean medical natural language processing". Scientific reports, 13(1).

05
미병과 인공지능

미병이란 질병으로 진단되진 않았지만 여러 증상이 나타나 일상생활에서 불편함을 나타내는 것으로, 질병이 발생하기 전 관리를 필요로 하는 상태이며 건강과 질병의 중간 단계인 건강 저하 상태다. 질병의 발생 가능성과 예후를 예측하는 예측 기술의 현재와 미병 간의 관계를 탐색한다.

AI와 아이돌?

미병과 아건강

설화에 따르면, 전설적인 명의 편작(扁鵲)이 황제에게 아뢰길, “사람들이 병의 증상을 느끼기도 전에 얼굴빛만 보고 장차 병에 걸릴 것을 알아내니 큰형이 가장 명의다”라고 했다. 병이 발생하기도 전에 알아챈다니. 누구나 그럴 수 있다면 세상이 얼마나 건강해질까. 진단받기 전 질병의 발생 가능성을 찾는 것은 이처럼 예전부터 중시되었고 다양한 방법론을 통해 연구되어 왔다.

미병(未病)이란 『황제내경(黃帝內經)』의 소문(素問) 사기조신대론(四氣調神大論)에 나오는 “성인은 이미 병든 것은 치료하지 않고 아직 병들지 않은 것을 치료한다(是故聖人不治已病, 治未病, 不治已亂, 治未亂, 此之謂也)”라는 구절에서 유래하는 개념으로, 병이 아직 나타나지 않은 상태를 의미한다(이재철 외, 2012). 현대적으로 정의된 협의의 미병은 건강과 질병의 중간 단계로서, 방치할 경우 질병으로 이환될 수 있는 일종의 건강 저하 상태를 의미하고 광의의 미병은 여기에 더해 기능 저하 혹은 기능 항진이 동반된 질병 단계까지를 포함한다. 이런 의미에서 미병은 아건강(亞健康, sub-health)으로도 불린다(생기능의학, 2014). 따라서 질병이 나타나고 심해지기 전 심신을 관리하고, 발생 가능성에 대해 탐색하는 것은 예방적 측면과 건강 유지를 위해 중요한 수단이 될 수 있다.

건강 데이터에 대한 머신러닝의 활용

인공지능, 특히 머신러닝은 방대한 데이터를 처리하고 패턴을 인식하는 데 강점을 갖는다. 이를 통해 환자의 병력과 신체적 특징 등을 포괄하는 임상적 특성(clinical feature)과 특정 질병 간의 패턴을 인식해 질병의 발생 가능성이나 예후를 예측하는 데 활용될 수 있다. 2024년 12월까지 발표된 논문 기준, pubmed에서 "Machine learning" AND "disease predicting" AND "systematic review"로 검색했을 때, 비만 · 섬망(delirium) · 치매 · 만성 폐쇄성 폐질환(COPD) · 심혈관 질환 · 감염성 질환 · 만성 신부전 · 사지 절단 · 파킨슨병 · 천식 등 다양한 질환에 대해 머신러닝으로 발생을 예측하고, 그 결과를 체계적으로 고찰한 논문들이 발표되는 것을 확인할 수 있었다.

만성 질환 예측에 대한 머신러닝의 활용을 다룬 리뷰에서는 심혈관 질환 · 당뇨병 · 암 · 간 질환 · 신경계 질환 등에 대해 데이터 전처리와 심혈관 질환 발생 가능성에 대해 머신러닝을 활용해 모델의 예측 가능성을 크게

높일 수 있다고 지적했다(Islam, 2024). 생활 습관, 체중 등의 신체적 특징과 유전자 발현 데이터, 환경적 요인, 과거력, 약물 복용 등의 다양한 임상적 특성을 통합해 건강인의 질병 발생 가능성을 예측하는 통합적 모델이 머신러닝을 통해 구축될 수 있는 것이다.

한의학적 데이터와 미병

정량화된 데이터를 측정해 미병의 진료와 질병 예측에 활용할 수 있는 한방 검사 기법으로는 수양명경락기능검사(심박변이도, Heart rate variability)와 혈맥어혈검사, 가속도맥파, 경두개도플러(Transcranial Doppler) 등의 지표가 있다. 수양명경락기능검사는 사지말단의 전극을 통해 5분간 심장 박동을 측정하고 심박변이도 지표를 계산, 자율신경의 기능과 균형을 측정하는 검사로 육체적 혹은 정신적 스트레스, 심혈관계 질환 위험성 등을 판정하는 검사다. 혈맥어혈검사는 사지의 혈압과 상지-발목 간 맥파를 측정해 동맥경화도와 동맥협착도를 계산하고, 가속도맥파는 측정된 맥파의 이계도함수로부터 혈관 노화를 알아보는 검사이며, 경두개도플러는 뇌혈관에 도플러 초음파를 적용해 뇌혈류 속도로부터 협착도를 판단하는 검사다. 모두 질병 그 자체보다는 생체에서 측정 가능한 생체 신호를 정량화해 잠재적인 질병 요인을 찾아낼 수 있다는 공통점을 가지며, 환자의 임상적 특징에 포함해 패턴을 찾는 분석 과정에 포함시킬 여지가 있는 것으로 보인다.

한국한의학연구원은 2014년부터 미병 진단 · 평가를 위한 지표 확립, 생활 관리 소프트웨어 개발, 미병 연관 생물 지표 발굴 및 활용을 사업 내용으로 하는 "미병 자료 통합분석 및 예방관리 시스템 개발사업"을 진행했다. 이 연구 과제에서는 임상 연구에서 획득한 계측 지표와 혈동태 분석 지표, 안면 지표를 활용해 미병군과 건강군을 구별하는 정량적 지표를 설정했는데, 안면 데이터를 이용해 미병군을 분류하는 알고리즘을 머신러닝을 통해 구축했다. 안면 영상에서 특징을 추출한 뒤 네 가지 분류 기법을 사용해 정확도를 확인한 방법과, 합성곱 신경망을 사용해 안면을 분류하는 모델을 구축한 뒤 계측 값인 인바디(체성분 분석 값), 심박변이도, 혈동태(맥파 분석)과 결합해 0.82~0.83의 정확도를 나타냈다. 안면 영상과 계측 값을 통합해 미병군과 건강군을 구분하는 모델을 수립한 시도에 해당한다(한국한의학연구원, 2017).

중국의 경우 2007년부터 미병에 대해 정책적인 지원을 통해 연구를 진행했으며 머신러닝을 통해 미병 및 아

건강에 대해 접근하는 연구가 다방면으로 이루어지고 있다. 인공지능을 통해 인간 상태 정보를 획득하고 분석하며, 핵심 기술 모델을 구축함으로써 "치미병"의 AI 건강 관리 모델을 심층적으로 탐구할 수 있으며, 이를 통해 지능형 중의학 건강 관리 시스템을 구축하고, 인체 건강 상태의 전체성과 개별성을 모두 파악할 수 있음을 언급하고 있다(Yang, 2024).

미병 건강 관리 모델의 구축 방안을 제시한 연구에서는 증상과 징후, 검사 지표를 데이터베이스에서 선택하도록 해 정보 수집의 부담을 줄이고, 의서와 임상 사례를 데이터베이스화하고 패턴을 분석해 임상적 의미를 탐색하며, 개인별 체질과 상태를 분석해 패턴을 사용한 개인 맞춤형 건강 관리 방안을 제시하고 있다(Zhang, 2024). 중의학과 한의학의 현실이 완전히 일치하지는 않지만 미병 집단이 향후 헬스 케어에서 중요한 비중을 차지할 것으로 예상한다면 한의학계에서도 유사한 형태의 관리 모델을 구축함으로서 국민 건강에 공헌하고 효율적인 미병 진료를 진행할 수 있을 것이다.

미병을 파악한다는 것은 환자가 가진 임상적 특징에서 잠재적인 패턴을 식별하고 이를 통해 질병의 발생 가능성을 예측한다는 것을 의미한다. 과거에는 이러한 능력이 관찰력이나 경험에 의존하거나, 도제식으로 전수된 감별 기술에 의해 결정되는 경우가 많았다. 그러나 오늘날에는 데이터 기반의 접근과 인공지능 기술이 이러한 진단 과정을 보완하고 혁신할 수 있는 가능성을 보여준다.

차후 한의학계에서 기술을 활용해 기존의 직관적이고 주관적인 진단 방식을 보완하고, 보다 객관적이고 재현 가능한 진단 모델을 구축할 필요가 있는 것으로 보인다. 이는 미병 진단에 이어서 예방적 건강 관리와 개인 맞춤형 진료로 이어져 전반적인 한의학 진료의 질을 높이고, 국민 건강 증진에 기여할 수 있을 것이다.

참고문헌

강환웅(2023.5.22). "경희대한방병원 한방검사실에선 어떤 검사가 이뤄지나?". ≪한의신문≫.

이재철 외(2012). "한의학의 미병 개념 및 변증과의 연관성에 대한 고찰". ≪대한예방한의학회지≫, 16(2), 31-39쪽.

한국한의학연구원(2017), 『[국가R&D연구보고서]미병 자료 통합분석 및 예방관리 시스템 개발사업』, 보건복지부.

L. Zhang., et al.(2024) "The Current Status and Future of Artificial Intelligence Technology in Chinese Medicine". *Jiangxi journal of traditional chinese medicine.* 55(10), pp.69-72.

R. Islam., A, Sultana. & M.R. Islam.(2024). "A comprehensive review for chronic disease prediction using machine learning algorithms". *Journal of electrical systems and inf technology,* 11(1).

Y. Zhang.(2024). "An Analysis of the Intelligent Health Management Model for Traditional Chinese Medicine's 'Preventive Treatment of Disease'". *Zhangjiang technology review,* 1, pp.96–98.

06
의서와 자연어 처리 및 텍스트 마이닝

한의학에서 지식 전달의 수단으로 사용된 것은 주로 의서(醫書)다. 경험과 이론을 축적한 의서를 기반으로 해 논리 구조를 형성하고 치료법을 시행해 왔으며, 임상의들에게는 의서의 내용을 숙지 및 발췌해 활용하는 능력을 요구해 왔다. 이제 텍스트 마이닝과 자연어 처리를 통해 의서의 서술과 진단, 치료 처방 간의 관계와 가중치를 산출하는 연구에 대해 알아보고자 한다.

AI와 야구?

자연어 처리와 텍스트 마이닝

자연어 처리(Natural language processing)는 인간의 언어를 해석하고 이해하는 능력을 컴퓨터에 부여하는 기술이고(Serles, 2024), 텍스트마이닝(Text mining)은 문자 자료를 컴퓨터가 인식할 수 있는 데이터 형식으로 구조화 하고 데이터 마이닝 분석 기법을 적용해 텍스트에 담긴 정보를 요약하거나 그 이면의 숨겨진 패턴을 드러나게 하는 방법론이다(Cai, 2009).

우리가 말을 하고, 키보드로 글을 작성하고 글을 찍어서 사진으로 저장한다고 해서 컴퓨터가 그 내용을 이해할 수 있는 것은 아니다. 어떤 형태의 데이터든 간에 컴퓨터에게는 0과 1의 신호로 구성된 복잡한 파일일 뿐이다. 컴퓨터가 인간의 언어를 활용할 수 있게 하기 위해서는 자연어를 이해 가능한 형태로 처리(processing)하는 과정이 필요하며, 이를 자연어 처리라 한다. 즉 자연어 처리는 언어학 지식에 상관없이 텍스트를 이해하는 통계적 방법을 사용해 실전 문제를 해결하는 일련의 기술이라 할 수 있다. 텍스트의 이해는 텍스트를 계산 가능한 표현(representation)으로 변환하며 이루어지는데, 표현이란 이산적 혹은 연속적인 구조로 기계가 이해 가능한 형태로 변환한 것을 의미한다(Rao, 2022).

자연어를 분석하는 데에는 네 가지 단계가 있는데, 각각 형태소 분석, 구문 분석, 의미 분석, 화용 분석이다. 형태소 분석은 말 그대로 최소 의미 단위로 문자열을 분리하는 것이다. 구문 분석은 문법 구조에 따라 문장의 구조를 분석(parsing)한다. 의미 분석은 구문 분석의 결과에 따라 생성된 구조[문장의 의미]를 밝혀내는 작업이고, 화용 분석은 언어에 대한 지식을 통해 문장을 해석하고 화자의 의도를 파악하는 작업이다(Odaka, 2021).

이 분석을 위해 문자열(string)로 표현된 자연어 데이터는 해석 가능한 형태로 변형되어야 한다. 이를 텍스트 전처리 과정이라 하며, 이 과정은 정제 및 정규화(Cleaning and normalization), 토큰화(tokenization), 불용어 제거(Stop words removal), 표제어 추출(Lemmatization), 어간 추출(Stemming) 등의 기법을 통해 진행된다.

자연어 처리를 통해 동의보감 기반 변증 기술에 대해 연구한 논문을 예시로 들어 알아보자(이승현, 2020). 토큰화를 통해 텍스트는 의미를 갖는 최소 단위인 토큰(token)으로 변환된다. "의식이 혼미해 괴로워한다"는 문장은 최소 단위인 형태소를 토큰으로 해 "의식", "이", "혼미", "하여", "괴로워", "하다"로 분류할 수 있다. 정제 및 정규화 과정은 분석할 때 간단하게 수행할 수 있도록 노이즈를 제거하고 표현 방법이 다른 단어들을 통합해 토큰의 개수를 줄이는 과정이다. 본 논문에서는 증상과 변증을 분석 대상으로 했으므로 조사와 부사를 제외했다. 이제 분리한 단어를 분석이 가능한 형태로 바꿀 차례인데, 이 논문에서는 단어 간 유사도를 반영할 수 있도록 단어의 의미를 벡터화하는 Word2vec을 적용했다. 이제 나열된 증상과 변증 벡터들을 분석해 학습시킴으로서 관계성을 확인할 준비가 된 것이다.

의학에서의 자연어 처리와 텍스트 마이닝

자연어 처리의 최종 목표는 컴퓨터가 사람의 언어를 이해하게 해 인간에게 유용한 일을 수행하게 하는 것이라 할 수 있다.

자연어 처리는 챗봇(Chatbot), 기계 번역, 감정 분석, 정보 검색 및 추출 등 언어 이해와 언어 생성 분야에서 활용되고 있다. 거대 언어 모델인 LLM은 자연어 처리의 하위 집합에 해당하며, 자연어 처리의 새로운 표준 형태로 주목받고 있다.

의료 분야에서 자연어 처리와 텍스트 마이닝은 주로 전자화된 의무 기록에 대한 분석이 필요할 때 수행된다. 전자 의무 기록은 정형 데이터와 비정형 데이터로 나눌 수 있는데, 정형 데이터는 진단 검사 결과, 처방 내역, 진단명 등의 고정된 범주 혹은 수치적인 결과에 해당하고, 비정형 데이터는 의료진이 생성한 문서, 메모, 입퇴원 요약지 등의 자료에 해당한다. 방대한 양의 데이터를 인간이 인식하고 통합하는 것은 상당히 어려우므로, 비구조화된 텍스트 데이터를 분석해 임상 정보를 추출하고 특정 목적에 따라 패턴을 찾아내는 데 머신러닝이 활용될 수 있다(Hossain, 2023).

특히 주목받는 것은 단어 임베딩(word embedding)이다. 단어 임베딩은 단어를 n차원 공간에서 실수 벡터로 표현하는 것으로, 위에서 다룬 Word2vec이 바로 단어 임베딩 중 한 가지 기술이다. 단어를 벡터로 표현한다니 이게 무슨 소리인가? 쉽게 설명하자면 "컴퓨터가 단어의 의미를 숫자 형태로 이해하도록 만드는 방법"이라 할 수 있다. 예를 들어 "고양이"와 "개"는 비슷한 특징을 공유하므로, 좌표 공간상에서 가까운 위치를 갖도록 설정하고, "고양이"와 "자동차"는 다른 특징을 가지므로, 먼 위치를 갖도록 설정해 벡터화하는 것이다. 즉 벡터 간의 거리 관계를 통해 단어의 유사성을 설정하도록 하는 것이다. 걱정하지 않아도 괜찮다. 이 과정은 모델을 통해 자동으로 이루어지니까.

한의데이터와 자연어처리, 텍스트마이닝

그렇다면 한의학적 언어로 표현된 의안(醫案), 의서, 의무 기록 등의 비정형 데이터도 머신러닝의 분석 대상이 될 수 있을까?

장동엽 등의 연구에서는 고전 의학서인『상한론(傷寒論)』에서 언급된 증상과 한약재 간의 관계를 정량적으로 분석해 이해하고자 했다. 이를 위해 텍스트 데이터를 구조화해 각 장에서의 용어와 문서 내 빈도를 바탕으로 TF-IDF 점수를 산출해 단어의 중요도를 평가했다. 이후, Jaccard 점수를 활용하여 Bipartite 네트워크 분석 기법으로 증상과 본초 사이의 연관성을 탐색했으며, 이를 통해 고전 의서의 지식을 정량적으로 해석할 가능성을 제시했다(장동엽 외, 2023).

김진석 등은 사상체질 진단이 대개 환자의 주관적 증상과 한의사가 관찰한 결과를 통합해 고전 문헌과 결합함으로서 이루어진다는 점에 착안해, 2000년부터 2022년까지 등재된 사상체질 진단 치험례 논문 454편의 텍스트를 대상으로 텍스트 마이닝을 시행, 체질 진단의 주요 단어를 추출하고 적절한 머신러닝 기법을 결정했다. 단어 빈도와 역문서 빈도를 곱한 TF-IDF(Term Frequency-Inverse Document Frequency) 값을 토대로 체질 진단에서 필요한 특징적 요소를 체질별로 파악했고, 전처리된 데이터를 분류하는 모델의 성능을 파악한 결과 로지스틱 회귀분석의 정확도가 가장 높았고, XGBoost에서 가장 높은 F1-score를 나타냈다. 연구진은 치험례 데이터를 바탕으로 한 알고리즘에 새로운 정보를 입력할 경우, 머신러닝 알고리즘이 84%의 정확도로 체질 진단을 도출할 수 있음을 주장했다. 포함된 치험례는 비교적 적지만 추후 더 많은 증례를 포함시킴으로서 모델의 발전을 기대할 수 있을 것이다(김진석 외, 2024).

Lee 등은 동의보감에 기반한 변증 진단을 분석하기 위해 자연어 처리(NLP)와 기계 학습을 적용했다. 동의보감에서 증상 및 변증 데이터를 추출해 데이터베이스를 구축하고, 이를 토큰화해 NLP 도구로 분석했다. Word2vec 모델을 활용해 증상 문장을 수치 벡터로 변환하고, 로지스틱 회귀 모델을 통해 패턴 예측 모델을 훈련시켰다. 연구 결과, 최적화된 Word2vec 모델을 이용한 패턴 진단 회귀 모델은 육기 변증 진단에서 75%의 예측 정확도를 기록했다. 이 연구는 동의보감의 증상과 변증 패턴을 바탕으로 한 객관적 진단 모델 개발의 가능성을 보여 준다(Lee, 2020).

한의학에서 의서는 이전 세대부터 축적된 의학 지식

의 전달을 매개하는 매체의 역할을 담당했다. 텍스트 마이닝과 머신러닝의 결합은 방대하게 축적된 의서의 지식에서 특정 입력에 연관된 임상적 정보를 제공함으로서 효율적인 지식의 관리와 이용에 활용될 수 있다.

참고문헌

김진석 외(2024). “자연어 처리에 기반한 사상체질 치험례의 텍스트 마이닝 분석과 체질 진단을 위한 머신러닝 모델 선정”. ≪대한한의학회지≫, 45(3), 193-210쪽.

델립 라오 & 브라이언 맥머핸(2021), 박해선 역, 『파이토치로 배우는 자연어 처리』, 한빛미디어,

오다카 토모히로(2021), 이강덕·양지영 역, 『기초부터 배우는 인공지능』, 성안당.

이승현 외(2020). “자연어 처리 및 기계학습을 통한 동의보감 기반 한의변증진단 기술 개발”. ≪대한한의학회지≫, 41(3), 1-8쪽.

장동엽 외(2020). “텍스트마이닝 기법을 이용한 『상한론』 내의 증상-본초 조합의 탐색적 분석”. ≪동의생리병리학회지≫, 34(4), 159-169쪽.

E. Hossain., et al.(2023). “Natural Language Processing in Electronic Health Records in relation to healthcare decision-making: A systematic review”. *Computer in biology and medicine,* 155.

H. Consultant.(2015). “Why unstructured data holds the key to intelligent healthcare systems”. https://hitconsultant.net/2015/03/31/tappingunstructured-data-healthcares-biggest-hurdle-realized/

S.H. Lee., D.P. Jang. & K.K. Sung.(2020). "Donguibogam-based pattern diagnosis using natural language processing and machine learning". *Journal of korean medicine,* 41(3), pp. 1-8.

U. Serles., D. Fensel.(2024). "Natural Language Processing". *An Introduction to Knowledge Graphs.* Springer, Cham. https://doi.org/10.1007/978-3-031-45256-7_6

Y. Cai., J.T. Sun.(2009). "Text Mining". *L. Liu., M.T. ÖZSU. Encyclopedia of Database Systems.* Springer, Boston, MA. https://doi.org/10.1007/978-0-387-39940-9_418

07
경혈, 침술과 인공지능

경혈과 침술에 대해 데이터 마이닝과 인공지능을 통해 경혈 선택, 치료 효과, 기법 분석 등이 연구되고 있다. 데이터 마이닝은 문헌 및 임상 기록에서 경혈과 질환의 관계를 파악하며, 딥러닝 모델로 경혈 선택 패턴을 분석한다. 영상 기술과 머신러닝을 활용해 침 치료 효과를 예측하거나 수기법을 정량화 · 분류하는 연구도 진행 중이다. 이를 중심으로 경혈과 침구의학의 발전 가능성을 살펴본다.

AI와 윤동주?

침구의학과 데이터 마이닝

한의사들은 오랜 전통과 임상 경험에 기반한 여러 치료법을 구사하지만, 그중에서도 특히 침(鍼)이라는 독보적인 치료 수단을 주된 무기로 삼고 있다. 침 시술은 주로 경혈을 자극하는 방식으로 이루어지며 그 매개체로는 호침(毫鍼), 약침(藥鍼), 도침(刀針), 레이저침 등이 있다. 경혈은 경락 분류 체계에 따른 정경혈(正經穴), 경외기혈(經外奇穴), 아시혈(阿是穴)로 분류할 수 있다. 경혈에는 침과 뜸을 사용하는 침구 요법을 통한 자극이 이루어지는데, 침구 요법은 한의학의 기초 이론을 근거로 하여 체표상의 일정한 부위에 각종 침구(鍼灸)와 조작 방법을 운용해, 물리적 자극을 주어 생체에 반응을 일으키게 함으로써 질병을 예방, 완화, 치료하는 한의학 의료 기술의 한 분야로 정의되고 있다(침구의학, 2012).

침구의학의 발전은 주로 축적된 임상 경험과 문헌적 기록을 통해 환자의 몸에 나타난 이상 상태를 관찰하고, 가장 효과적인 자극 위치를 선정하며 적절한 자극 방법을 수행하는 과정을 거치면서 이루어져 왔다. 고전 문헌 또한 특정 질환에 어떤 경혈을 주로 사용한다는 기술과, 특정 경혈은 어떤 질환을 주로 치료한다는 기술이 함께 나타나는 형태를 보인다(채윤병, 2021). 결국 임상 현장에서 이루어지는 침 치료에서 가장 핵심이 되는 것은, 질병·증상에 따라 어떠한 혈위를 어떻게 조합해 시술할지 결정하는 '선혈(選穴)' 과정이다. 이는 실제 임상가들이 치료 사례를 통해 습득한 노하우가 반영되는 동시에, 고전 문헌에 서술된 권고 사항과 근거들을 참고해 일정한 패턴이나 규칙을 찾아내는 방식으로 발전해 왔다.

이러한 패턴과 규칙을 발견하기 위한 도구로 데이터 마이닝이 주목받고 있다. 데이터 마이닝은 의미 있는 패턴과 규칙을 발견하기 위해 대량의 데이터를 탐색하고 분석하는 것으로 정의할 수 있으며(Linoff & Berry, 2011), 목표하는 결과를 찾아내 임상에서 수집된 여러 형태의 데이터를 체계적으로 해석하고, 진료 현장에서 쓰이는 침 치료의 근거를 보다 명확하게 밝혀낼 수 있다.

임상 데이터와 경혈 선택

임상 현장에서는 한의사가 환자의 징후와 증상을 면밀히 관찰하고 여러 진단 절차를 거쳐 변증 과정을 수행한 뒤, 해당 질병이나 증상에 적합한 경혈을 선택하는 내적인 통합 과정을 거친다. 이 선혈 과정은 복잡하고 다층적인 요소들이 얽혀 있는데, 질병과 경혈이 일대일로 대응되는 것이 아니라 변증 과정에 따라 선혈 과정이 다층적으로 진행된다는 특징을 갖는다(이인선, 2021). 먼저 각 질병에 따라서 주로 사용되는 경혈을 데이터 마이닝을 통해 분석한 연구들을 보면, 과민성 대장 증후군의 치료를 위해 천추, 태충, 족삼리, 중완, 상거허, 삼음교 순서로 선혈이 이루어짐을 보고한 연구(Hwang, 2020), 긴장형 두통의 침 치료를 위해 풍지, 백회, 태양, 합곡, 태충이 주로 선혈됨을 제시한 연구(Lu, 2021), 혹은 요통에 다빈도로 사용되는 혈위가 신수, 대장수, 기해수, 위중, 곤륜, 환도임을 확인한 연구(Lee, 2013) 등을 확인할 수 있다. 데이터 마이닝은 의서, 원전(原典)뿐 아니라 임상 기록에서 패턴을 추출하는 경우에도 활용될 수 있다. Jung 등은 딥러닝 기법인 인공신경망(Artificial Neural Network, 이하 ANN)을 사용해 임상 기록으로부터 추출한 증상 정보와 침 치료에 사용되는 경혈(經穴)과의 관계를 훈련시켰다. 87개의 증상과 77개의 경혈 간의 관계가 모델링되었고, 모델의 평균 정밀도는 0.865로 나타났다. 한의사들이 치료에 적용하는 경혈과 증상 간의 관계에 내재한 패턴을 인공신경망을 통해 확인한 연구라고 할 수 있다(Jung, 2019).

침 자극의 측정과 인공지능

침 치료는 통증의 조절, 중추신경 손상의 재활, 자율신경 기능 조절 등 다양한 신체적 변화를 목적으로 시행된다. 이런 변화를 일으키는 기전에 대해 다양한 방면으로 연구가 진행되어 왔는데, 특히 특정 경혈 자침 전후에 기능 자기공명영상법(functional MRI, fMRI)를 촬영해 뇌 활성화 정도를 비교하는 연구가 많이 수행되었다. 최근에는 기능적 근적외선 분광법(functional Near-infrared Spectroscopy, fNIRS)과 같이 비침습적이고 실시간으로 관찰이 가능한 모니터링 기술을 활용한 연구 또한 관심 대상이 되고 있다.

fMRI는 기본적으로 국지 부위의 혈중 산소치(oxygenation)을 측정하고, 뇌의 사용 정도에 따라 증가하는 혈류량을 분석해 어느 부위의 신경이 활성화되었는지를 확인하는 기술이다. 침 치료 전후 효과를 예측하기 위해서 머신러닝이 활용된 사례를 보면, 전조 없는 편두통 환자를 대상으로 증상이 회복된 환자와 지속된 환자로 나누어 MRI 데이터를 수집하고 서포트 벡터 머신을 사용해 가측 피질과 전두엽-편도체 경로를 따른 확산 텐서 신호를 마커로 해, 회복과 증상 지속을 구분하는 모델을 구축한 연구가 이루어졌다(Liu, 2019).

침 치료 시에는 다양한 목적으로 자극을 전달하거나 관리하기 위해 염전(捻轉, 침을 놓고 침병을 잡아 돌리는 식으로 자극을 수행)이나 제삽(提揷, 침을 올려 빼고 내리꽂는 것을 반복해 자극을 수행)하는 수기법이 추가될 수 있다. 수기법을 시행하면 국소적인 긴장, 신경 흥분에 영향을 줄 수 있는 것으로 알려져 있는데 이를 매개 변수로 두고 측정 및 분류하는 모델 또한 개발되고 있다. Tang 등은 이미 수립된 수기법 데이터베이스를 기반으로, 자기조직화 신경망(Self-organizing Neural Network)을 사용해 제삽법의 정량화 및 분류 모델을 개발했다(Tang, 2017). 이렇듯 침 치료 시 수행되는 다양한 과정에서 인공지능을 활용해 패턴을 인식하고 모델을 구축할 수 있는 가능성이 있다.

기존의 침구의학 연구는 효과의 규명과 왜 효과가 있는지에 대한 고찰을 위주로 이루어졌다(Lee, 2019). 그러나 인공지능과 결합한 최신 연구들은 침구 요법의 실체를 더 정밀하게 규명하고 환자 개인의 증상과 체질에 맞춰 최적의 자극 지점을 설계·적용하는 데까지 발전할 가능성을 제시해 주고 있다. 데이터 마이닝과 머신러닝을 통해 경혈의 구성 원리와 효과, 침 자극 기법을 보다 정교하게 파악한다면 적절한 시술 전략을 수립하는 데 큰 도움이 될 것이다. 궁극적으로 이는 환자 맞춤형 침 치료를 구현하고, 근거기반의 침구의학을 한층 더 견고하게 만드는 길이 되리라 기대한다.

참고문헌

이인선(2021). "데이터 마이닝을 이용한 임상연구 데이터베이스 기반 원혈의 주치 특성". *Korean Journal of Acupuncture,* 38(2), pp.100-109.

채윤병(2021). "인공지능시대의 경혈 주치 연구를 위한 제언". ≪동의생리병리학회지≫, 35(5), 132-138쪽.

G.S. Linoff. & M.J.A. Berry.(2011). *Data Mining Techniques : For Marketing, Sales, and Customer Relationship Management.* John Wiley & Sons : Hoboken, NJ, USA.

I.S. Lee., Y.B Chae.(2019). "A bibliometric analysis of acupuncture research trends in Acupuncture in Medicine". *Acupunct med.* 37(6), pp.375-377.

I.S. Lee., et al.(2012). "Systematic review of selection of acupuncture points for lower back pain". *Korean journal of acupuncture,* 29(4), pp.519-536.

J. Liu., et al.(2019). "White matter tract microstructure of the mPFC-amygdala predicts interindividual differences in placebo response related to treatment in migraine patients". *Hum Brain Mapp,* 40(1), pp.284-92.

L. Lu., et al. (2021). "Acupoints for Tension-Type Headache: A Literature Study Based on Data Mining Technology". *Evid based complement alternat med,* 2021.

W.M. Jung., I.S. Park. & Y.S. Lee.(2019). "Characterization of hidden rules linking symptoms and selection of acupoint using an artificial neural network model". *Frontiers in medicine,* 13(1), pp.112 – 120.

W. Tang., et al.(2017). "Study on quantification and classification of acupuncture lifting–thrusting manipulations on the basis of motion video and self–organizing feature map neural network". *Shanghai J acupunct moxib,* 36(8), pp.1012 – 1020.

Y.C. Hwang., et al.(2020). "Exploring traditional acupuncture point selection patterns for pain control: data mining of randomised controlled clinical trials". *Acupuncture in medicine,* 39(3), pp.184–191.

08
네트워크 약리학과 한약

네트워크 약리학은 약물의 작용 기전을 상호 연결된 생물학적 네트워크상에서 파악하는 새로운 접근 방식이다. 이는 단일 성분-단일 표적 패러다임에서 벗어나 다중 성분-다중 표적 상황을 분석하는 방법으로, 한약의 복잡한 효능을 탐색하기에 적합할 것으로 전망된다. 한약의 기전을 연구하고, 한의학 이론의 현대화를 위한 효율적인 도구로 주목받는 네트워크 약리학에 대해 알아본다.

AI와 한의학?

네트워크 약리학의 대두

단일 약물 · 단일 표적 · 단일 질환에 대한 신약 개발 접근법은 안전성, 효능, 지속 가능성이라는 관점에서 문제에 직면해 왔다. 기존의 약리학 연구는 단일 성분의 단일 타깃 위주로 이루어졌으므로, 특정 수용체나 단백질에 작용하는 물질을 찾아내 임상 시험을 거쳐 효과를 규명하는 것이 주된 연구 방식이었다. 따라서 한약 또한 어떤 단일 성분이 수용체나 단백질에 작용해 약리적 효과를 내는지에 대해 수행되어 왔다.

그리고 2000년대에 접어들어 이런 환원적 분석은 처방의 효과 분석에 기여하지 못한다는 관점이 제시되었다. 이에 당시 대두되던 시스템 생물학(system biology)의 관점에서, 여러 구성 성분과 여러 단백질 간의 상호작용을 탐구하는 네트워크 약리학이 대두되었다.

네트워크 약리학(Network pharmacology)은 약물의 활성 성분과 연관된 타깃 유전자(또는 단백질)를 시스템 생물학의 원리에 따라 분석해 질환(또는 병증)과의 상호작용 네트워크를 구성하는 방법으로, 약물의 효능을 탐색하는 연구법이다(Han, 2016). 다중 표적 약물은 여러 유전자 및 단백질과의 상호 작용과 관련된 질병을 치료할 수 있으므로, 단일 표적 약물에 비해 성공적인 결과를 기대할 수 있어 관심을 받아 왔다(Schrattenholz, 2010).

네트워크 약리학 연구 방법론

Zhang의 리뷰에 따르면 네트워크 약리학의 연구 방법론은 데이터의 수집 및 검증과 네트워크 분석 및 시각화로 이루어진다(Zhang, 2013). 첫 번째 단계는 생물학적인 네트워크를 구축하기 위해 사용될 원본 데이터를 선택하는 것이고, 그 다음으로 예측된 네트워크 모델에 대해 검증을 거친다. 다음으로 구축된 네트워크를 분석하는데, 네트워크의 통계적 특성을 계산하는 것, 무작위 네트워크를 생성하고 비교해 신뢰성을 점검하는 것, 네트워크의 계층적 군집화를 수행해 간소화하고 잠재적 정보를 예측하는 것이다.

이원융 등의 리뷰에서는 한약-성분 네트워크와 성분-표적 네트워크를 구축하고 이를 통합하고, 구축된 네트워크를 분석해 표적과 관련된 생물학적 기능과 신호 전달 경로를 파악하고 적응증이나 독성을 예측하는 것을 분석 프로세스로 언급했다(이원융, 2021).

황련해독탕의 뇌질환 응용 가능성을 탐색하기 위한 네트워크 약리학적 분석(이세은, 2020)을 예시로서 살펴보면, Traditional Chinese Medicine Systems

Pharamcology(TCMSP)에서 황련해독탕의 구성 약재의 활성 물질과 관련된 원본 데이터를 수집하고, TCMSP를 이용해 활성 물질이 작용하는 타깃 질환을 선별해 네트워크를 구축했다. 상호 작용 횟수가 상위 10%인 질환을 선별한 뒤 질환에 작용하는 단백질 타깃을 확인하고, 단백질 상호 작용 네트워크를 작성해 종양 및 중추신경계 질환에 대한 응용 가능성을 예측했다. 이 프로세스를 통해 원본 데이터 선택-네트워크 구축 및 통합-적응증 예측의 과정을 확인할 수 있다.

네트워크 약리학과 머신러닝

김창업(2020)은 기존의 네트워크 약리학적 연구들은 잠재적 활성 성분의 다중 표적을 모델링하고 이를 단순합산한 후 관련된 경로나 질환을 예측하는 방식으로 성분들 간의 시너지나 억제 효과를 고려하기에는 과도하게 한계가 있으며, 상호 작용을 실험적으로 일일이 검증하는 것보다 인공지능 예측 알고리즘의 도움을 받아야 할 필요가 있음을 밝혔다.

Noor 등은 머신러닝이 네트워크 약리학에서 데이터 중심의 의사 결정을 촉진하고 약물 발견 과정을 가속화하며 오류율을 줄이는 데 기여할 수 있다고 주장한다. 머신러닝은 첫 번째 단계인 원본 데이터를 선택하는 과정에 대해, 대규모의 생의학 데이터에서 목표로 하는 데이터에 접근하기 위해 특정한 특성, 패턴, 구조를 추출하는 머신러닝을 적용할 수 있다(Lo, 2019). 이외에도 데이터 수집, 변수 선택, 모델 학습 및 검증을 효과적으로 수행하고, 시너지 약물 조합을 예측해 부작용을 최소화할 수 있으며, 단백질 간 상호 작용 네트워크를 분석하고 상호 작용을 평가하며 복잡한 네트워크 데이터를 최적화하고 처리하는 데 강점을 갖고 있다고 밝힌다.

즉 기존의 네트워크 약리학 기반에서 대규모 데이터를 처리하거나, 실험 검증이 필요한 상호 작용을 머신러닝을 활용한 모델링으로 처리함으로서 과정을 간략화하고 단축할 수 있는 것이 머신러닝의 장점이라 할 수 있다.

한약 데이터와 머신러닝

네트워크 약리학을 사용한 한약 연구에서 가장 자주 사용되는 데이터베이스는 중의통합데이터베이스(Traditional Chinese Medicine Integrated Database, TCMID)와 중의시스템약리학 데이터베이스 및 분석 플랫폼(Traditional Chinese Medicine Systems Pharmacology Database and Analysis Platform, TCMSP)이다. 이 데이터베이스

들은 기존 중의학 데이테베이스와 문헌에 대한 텍스트 마이닝으로 구축되었으며, 중의약물 정보와 성분 정보, 처방 정보를 제공하며 TCMSP의 경우 약물의 소화 흡수율 및 대사율, 반감기 및 물리적 특성 정보를 포함한다는 특징이 있다(Ru, 2014). 국내의 경우 한약 실험 정보 데이터가 산재되어 있는 한계에 대해 한의약진흥원에서 플랫폼 구축 사업을 추진하고 있다. 한약 실험 정보는 한약재 성분 정보, 공정서 등록 정보, 한약재 처리 방법 등 기본 정보뿐만 아니라, 이를 검증하기 위한 실험 동물(예 : 쥐, 토끼)이나 세포주(예 : 암세포주, 면역세포)를 대상으로 한 실험 과정에서 생산된 데이터를 포함한다. 이러한 정보는 사람을 대상으로 하는 임상 연구에 앞서 한약의 안전성과 유효성을 예비 평가하고, 약리학적 작용 기전(메커니즘), 독성 여부, 최적 용량 등을 확인하는 데 중요한 역할을 함을 밝히고 있다(김상진, 2024).

참고문헌

김상진(2024.10.31). "[전문가 강좌]한약 실험정보 공동 활용을 위한 한약 인공지능 플랫폼 구축의 현재와 미래". ≪컴퓨터월드≫.

김창업(2020), 『국가R&D연구보고서]한약 복합성분의 네트워크 표적에 대한 조합 효과 예측 인공지능 알고리즘 개발 및 검증』. 과학기술정보통신부.

이세은 외(2020). "黃連解毒湯의 뇌질환 응용 가능성 탐색을 위한 네트워크 약리학적 분석". ≪대한한의학 방제학회지≫, 28(4), 313-325쪽.

이원융(2021). "한의학 이론 연구를 위한 새로운 방법: 네트워크 약리학을 활용한 약물중심 접근법". ≪동의생리병리학회지≫, 35(5), 125-131쪽.

A. Schrattenholz., K. Groebe. & V. Soskic.(2010). "Systems biology approaches and tools for analysis of interactomes and multi-target drugs". *Methods mol biol,* 662, pp.29-58.

F. Noor., et al.(2023). "Machine learning for synergistic network pharmacology : a comprehensive overview." *Brief bioinform,* 24(3).

G.B. Zhang., et al.(2013). "Network pharmacology: a new approach for chinese herbal medicine research". *Evid based complement alternat med.*

J. Ru., et al.(2014). "TCMSP: a database of systems pharmacology for drug discovery from herbal medicines". *J Cheminform.* 6(13).

S.Y. Han., Y.K. Kim.(2016). "New approach for herbal formula research : Network pharmacology." *The physiological society of korean medicine and the society of pathology in korean medicine,* 30(6), pp. 385-396.

Y.C. Lo., et al.(2019). *Artificial intelligence-based drug design and discovery. In: Rasul A, Hussain G(eds.). Cheminformatics and Its Applications.* NY : IntechOpen.

09
한약재와 AI

한의학적 치료 수단의 한 축을 형성하는 한약은 여러 한약재의 조합으로 이루어진다. 식물이 대부분인 한약재는 비슷한 형태를 가진 가품이 유통되기 쉬워, 탕전과 조제를 하는 입장에서는 약의 효과를 보장하기 위해 가품의 감별을 신경쓸 수밖에 없다. 이에 이미지 분류를 통해 가품을 감별하고 효능과 안전성을 확보하기 위해 이루어지는 시도에 대해 알아본다.

AI와 화장품?

아리스톨로크산과 위품

한약재는 한의학에서 본초(本草)로 불리며, 한약을 제조하는 데 사용되는 기본적인 재료다. 대부분의 한약재는 식물에서 유래하며, 각각의 약재는 식약처에서 발표한 대한민국약전외한약(생약) 규격집에 따라 그 기원 식물이 규정되어 있다. 일반적으로 한약재는 원형 그대로 사용되지 않고, 일정한 기준에 따라 절단 및 정제되는 수치(修治) 과정을 거친다. 그러나 이러한 가공 과정을 거친 후에는 육안만으로 위품이나 유사 약재를 구별하기 어려운 경우가 흔하다.

1980년대 유럽에서는 광방기(廣防己)와 관목통(關木通)에 포함된 아리스톨로크산(Aristolochic Acid, AA) 성분이 신장암의 원인으로 지목되면서 사용이 금지된 사례가 있었다. 이는 광방기와 관목통이 한약재로 쓰이는 청풍등(靑風藤), 목방기(木防己), 분방기(粉防己), 목통(木通) 등과 육안으로는 명확히 구별하기 어려워 잘못 사용되는 일이 발생했기 때문이다. 이를 해결하기 위해 CNN 기반 이미지 분석 기술을 활용해 기원 식물을 식별하고 한약재의 품질을 보증하는 연구가 진행되고 있다.

Cho 등은 육안으로 식별이 어려운 방기(Sinomenium acutum), 관목통(Aristolochiae manshuriensis caulis),

목통(Akebia quinata) 등의 한약재를 구별하기 위해 CNN 아키텍처를 활용한 연구를 수행했다. 이 연구에서는 스마트폰으로 촬영한 5백 장의 이미지와 인터넷에서 수집한 백 장의 이미지를 학습 데이터로 사용했다. 딥러닝 모델로는 VGGNet16, ResNet50, MobileNet 등이 활용되었으며, 모델의 성능을 개선하기 위해 Canny Edge Detection(CED) 및 전이 학습(Transfer Learning, TL) 기법이 적용되었다. 연구 결과, 전이 학습이 적용된 MobileNet 모델이 99.4%의 식별 정확도를 달성했으며, 이는 본초학 박사 학위를 가진 전문가들의 정확도를 능가하는 수준이었다. 이러한 결과는 딥러닝 기술이 한약재 식별 분야에서 인간의 능력을 넘어서는 효과적인 도구가 될 가능성을 보여 준다(Cho, 2019).

2021년 동신대학교와 한국전력은 '딥러닝 기술 기반 한약재 감별 알고리즘'을 위해 산학 협력 양해 각서를 체결했다. 딥러닝 기술 기반 한약재 감별 알고리즘은 녹용 · 당귀 · 천궁 등 일반인이 혼동하기 쉬운 한약재의 절편 이미지 데이터를 딥러닝 기법으로 분석해 원산지와 종류 등을 감별하는 기술이라고 밝혔으며, 한전은 한약재 이미지 빅데이터 분석 및 인공지능 알고리즘 개발 기술을 동신대에 지원하고, 동신대는 한약재 이미지 데이터 및 원산지 감별 전문 지식을 한전에 제공해 알고리즘을 개발하겠다고 밝혔다. 한약재 오용에 따른 중독사고 예방 등의 문제를 방지하고, 한약재 품질 관리에 대한 신뢰도 제고를 목표로 하는 사업이다(한의신문, 2021).

다양한 식물이 절편으로 가공될 경우 형태적으로 구분이 어려운 상황에서도 이미지 프로세싱 기법을 활용한 분류가 가능하다. Wang 등은 백작약, 백지, 길경, 인삼, 산약, 천화분, 서양삼 등 형태가 유사한 일곱 가지 절편 한약재를 대상으로 딥러닝 모델인 AlexNet, VGGNet, ResNet을 활용해 이미지 인식 연구를 수행했다. 연구 결과, ResNet 모델이 98.17%의 가장 높은 인식 정확도를 기록했으며, 다른 모델에 비해 전문가 수준의 인식 성능을 보였다고 보고되었다(Wang, 2021).

이와 같이 인공지능을 활용해 한약재를 구분하는 것은 가품의 통제를 통해 이용자를 보호하고 사고를 방지할 수 있는 데에서 편익을 얻을 수 있다.

그러나 일각에서는 기존의 계측법인 관능 검사에 의한 감별이 무시되어서는 안 된다는 주장 또한 내고 있다. 관능 검사는 향기와 색깔 감별에서 인간의 감각이 우수하며, 비용과 편의성 면에서 장점이 있다. 식품 · 한약재 품질 판단은 여러 성분의 상승 작용을 종합적으로 고려해야 하며, 이화학적 분석만으로는 한계가 있다. 인공지능을 활용한 품질 판단은 기준 설정, 시범사업, 해외 사례 연구가 필요하며, 생약재의 지표 성분 도출과 약효성분 · 약리기전 시스템 구축이 중요하다. 외부 변수에 따른 성분 변화를 고려해야 하고, 인공지능에 의존해 기존의 검사법을 유기해서는 안 된다는 주장 또한 고려해 볼 만 하다(노병철, 2023).

한약재의 성분과 인공지능

신약을 개발하기 위해서는 신약 후보 물질의 발굴이 이루어져야 한다. 후보 물질을 찾는 기간은 임상 시험에 걸리는 기간만큼 길고 어려운데, 이 과정을 단축시키기 위해 AI가 활용될 수 있다. 처음으로 딥러닝을 신약 후보 물질의 스크리닝에 활용한 연구는 2015년 Atomwise라는 스타트업이 arXiv에 투고한, 합성곱 신경망을 통해 생체 활성 가능성을 다룬 논문이다(Wallach, 2015). 목표가 되는 단백질과 약물 간의 상호 작용과 구조적 예측을 통해 후보 물질의 활성도를 예측하는 기술이 주로 딥러닝을 통해 이루어지고 있다. 이 과정에서 구글 딥마인드가 개발한 알파폴드(AlphaFold)와 같은 단백질 구조 예측 프로그램 등이 활용될 수 있다.

개똥쑥(청호, 青蒿)에서 말라리아 치료제인 아르테미시닌을 발견한 후 한약재 등 천연물에서 신약 후보 물질을 찾는 기대가 커져 왔는데, Ma 등(2023)은 자연물의 효과적인 화학 성분에 대한 지식을 계산생물학(computational biology)과 머신러닝으로 결합하는 것을 활용할 수 있다고 밝혔다. 예를 들어 천연물에서 추출한 화합물 집합에 대해 데이터 클러스터링을 시행하고, 천연물이 문헌적으로 갖는 찬 성질(寒)과 뜨거운 성질(熱)이 그 화합물의 물리화학적인 특성이나 타깃 경로와 연관될 수 있음을 밝힌 연구 등이 있다(Fu, 2017). 즉 천연물 유래 화합물의 체내 단백질 상호 작용을 예측하고, 인체 내에서 적용이 가능한 증상들을 분류하고 생체 활성을 예측하는 모델의 구축에 머신러닝이 활용될 수 있는 것이다.

참고문헌

강환웅(2021.09.16). “딥러닝 기술 이용한 한약재 감별 알고리즘 개발 추진”. ≪한의신문≫.

노병철(2023.4.26). “[데스크시선] 혁신과 삽질 사이의 A.I 관능검사”. ≪데일리팜≫.

Izhar Wallach., Michael Dzamba & Abraham Heifets(2015). “AtomNet : A Deep Convolutional Neural Network for

Bioactivity Prediction in Structure–based Drug Discovery". *arXiv.*

J. Cho., et al.(2019). "Identification of Toxic Herbs Using Deep Learning with Focus on the Sinomenium Acutum, Aristolochiae Manshuriensis Caulis, Akebiae Caulis". *Applied sciences,* 9(24), p.5456.

S. Ma., et al.(2023) "Machine learning in TCM with natural products and molecules : current status and future perspectives". *Chin med,* 18(43).

W. Wang., et al.(2021). "Identifying chinese herbal medicine by image with three deep CNNs." *Proceedings of the 5th international conference on control engineering and artificial intelligence,* 1(8).

X. Fu., et al.(2017). "Toward understanding the cold, hot, and neutral nature of Chinese medicines using in silico mode–of–action analysis". *J chem inf model,* 57(3), pp.468 – 483.

10
한의 임상 현장과 AI

한의 진료가 이루어지는 한의 임상 현장에서 인공지능은 어떻게 활용될 수 있을까? 그리고 한의 임상 현장에 임하게 될 미래의 한의사인 학생들을 교육하기 위해 인공지능은 무엇을 할 수 있을까? 이 장에서는 그러한 고민에서 기인해, 임상 현장과 교육에 대해 동시에 다루도록 한다.

종교와 AI?

한의 임상 현장과 인공지능

한의 임상 현장은 과거 전통 시대의 경험적 진단과 치료 방식에 머무르지 않고 임상 진료 지침과 과학적 근거를 바탕으로 한 진료 체계로 빠르게 변화하고 있다. 이는 한의학적 이론과 함께 임상에서 실제로 확보된 자료들을 종합적으로 활용하고, 다양한 보조 진단 및 치료 수단을 적극 도입함으로써 의료의 신뢰도와 정확도를 높이려는 노력의 결과라 할 수 있다.

큰 변화를 불러일으킨 예로 영상 진단을 들 수 있다. 2022년 12월 초음파 사용에 대한 전원 합의체 판결을 바탕으로 영상 진단을 비롯한 다양한 보조적 진단 수단을 활용하려는 시도가 늘어나면서, 진단과 치료 과정의 신뢰도와 정밀도를 높이려는 노력을 기울이고 있다.

인공지능을 통한 의료 영상 판독은 가장 활발히 연구가 이루어지는 분야다. 미국 FDA는 현재까지 2백 종 이상의 인공지능 의료 영상 분석 기기를 허가했고 (American College of Radiology, 2022), 중국의 경우 7조 604억 원 규모의 의료 AI시장에서 영상 진단이 34%를 차지해 가장 높은 비중을 보이고 있다. 우리나라의 경우 첨단 기술을 활용한 의료 기술을 혁신 의료 기술로 분류해 건강보험에 먼저 진입한 뒤 사후 재평가하는 프로세스를 갖추고 있다.

한의사들이 현장에서 유용하게 활용하는 영상기기로는 초음파가 대표적이다. 한의사들의 초음파 활용은 적극적으로 이루어지고 있는데, 한약에서 추출해 정제한 뒤 주사제의 형태로 주입하는 약침(藥鍼)요법의 정확도와 효과 증대를 위해 사용되고 있다(Kim, 2024). 약침은 한약 성분을 추출·정제한 뒤 주사 형태로 환부에 주입하는 한의학 치료법으로, 근골격계 구조물이나 신경을 표적 삼는 경우가 많다. 이때 초음파 영상을 통해 목표 부위를 명확히 식별함으로써, 침습을 최소화하고 약효를 보다 정확히 전달할 수 있게 되는 것이다. 최근 개발 동향을 볼 때 딥러닝으로 개발된 초음파 소프트웨어 솔루션이 도움을 줄 수 있다. 삼성메디슨에서 개발된 너브트랙(NerveTrack), GE헬스케어에서 개발한 cNerve 등은 실시간으로 초음파 영상에서 신경 부위를 탐색해 주는 딥러닝 솔루션이다. 한의사들은 실시간으로 초음파 영상을 보면서 혈관, 신경 등 주요 구조물의 손상을 방지해 부작용 발생 가능성을 낮추고, 하이드로다이섹션(Hydrodissection, 신경 주변의 자극을 주는 구조물을 수압을 활용해 감압시키는 기술) 등을 안전하고 효과적으로 수행하기 위해 인공지능 기반 보조 기술을 활용할 수 있다.

또 다른 사례로는 한의원과 헬스 케어 기업이 협업해 한의학 피부질환 데이터베이스를 구축하고 이를 토대로 한 챗봇 솔루션을 개발한 사례이다. 헬스 케어 AI 기업인 닥터송과 생기한의원은 상담 문의 데이터를 토대로 라이브러리를 구축해, 사용자들이 피부 질환에 관련된 질문을 할 때 라이브러리 기반의 시나리오 답변을 제공하는 서비스를 구축했다(전미준, 2022). 대형 한의원에서 준비된 원시 데이터를 통해 환자를 위한 솔루션을 개발한 사례로, 인공지능을 한의 임상 현장에 적용한 사례라 할 수 있다. 이와 같이 방대한 데이터는 적절한 처리 과정을 통해 사용자를 위한 애플리케이션으로 활용될 수 있으며, 임상 현장에서 효율적 진료를 위해 활용될 수 있는 가능성이 있다.

한의과대학 교육과 인공지능

한의 임상 현장을 논하려면, 임상 현장에서 필요한 지식을 전수하는 한의과대학 교육에 대해 논할 필요가 있다. 2020년 대한민국의 한의과대학 교육에 대한 만족도를 조사한 결과, '졸업 후 임상 진료와 연계의 어려움(23.7%)', '강의 내용 및 방법(20.0%)', '과목 간 연계성 및 체계성 부족(16.9%)' 등을 주요한 원인으로 꼽았다(정선형, 2020). 즉 현재 한의과대학 실습 환경이 마주한 가장 중요한 현안은, 어떻게 갓 졸업한 한의사들이 임상에서 마주할 환자들을 진료하기 위한 역량을 강화시킬 수 있느냐의 문제라고 할 수 있다.

ChatGPT가 등장한 후 관심을 받게 된 또 다른 분야로는 의학 교육이 있다. 의학 교육에 기술을 통합해 학생의 학습 의욕과 역량을 고취시키는 것은 지속적으로 이루어져 왔는데, ChatGPT와 같은 LLM의 등장으로 시간 집약적인 학습 영역과 진료 시뮬레이션 등의 영역에서 새로운 진일보를 이룰 수 있게 된 것이다. ChatGPT는 복잡한 의학적 개념과 정보의 처리 및 학습에 있어 도움을 제공함으로써 문제 해결, 사례 분석, 의사 결정, 의사소통 등 다양한 학습 활동을 지원하는 대화형 AI 도구로서 의학 교육에 효과적인 도구로 인식되고 있다(Lee, 2023).

현재의 생성형 AI는 생산하는 의학적 정보에 대한 정확성의 척도를 재단하기 어렵다는 점이 한계로 지목된다. 그러나 모델에 대한 미세 조정(fine tuning)이나, 검증된 외부 데이터베이스를 추가해 추론 성능을 높이는 검색증강생성(Retrieval-Augmented Generation, RAG), 여러 생성형 AI를 결합해 답변의 신뢰도를 높이는 앙상블 모델(Ensemble model)등의 신뢰성과 정확도를 높이는 기술이 있다.

가천대학교 김창업 교수 · 부산대학교 김지환 교수 연구팀은 LLM 기반의 한의학 임상수행평가(Clinical Performance Examination, CPX) 학습 시스템을 개발했다. 이 챗봇은 AI가 표준화 환자 역할을 수행할 수 있도록 했으며, 정량적인 채점 시스템과 질적 피드백 시스템을 통합했으며, 정량적 채점은 Claude-3.5-Sonnet, 피드백 생성은 GPT 4o가 초안을 작성하고 Claude가 한국어로 윤문하는 앙상블 모델로 이루어졌다. 웹 기반으로 학생들이 시간과 장소에 구애받지 않고 CPX를 시행할 수 있으며, 평가자의 유무로부터 자유롭고 즉각적으로 피드백이 가능하도록 구축했다는 점이 강점이라 할 수 있다(김준동 외, 2024).

동의대학교 권찬영 교수는 'ChatGPT 기반 교육 플랫폼'을 개발했다. 생성형 인공지능이 가상 환자 역할을 맡고, 학생들에게 실제 진료 상황과 유사한 상황을 제공해 시나리오를 생성하고 진료 과정을 모니터링하는 시스템이다. 본 플랫폼은 한방신경정신과학 실습에서 시범 적용되었는데, 학생들이 "한의과대학 6년간 가장 흥미로운 과제였다"고 평가했으며, 다른 학생은 "실제 환자와

대면할 때보다 부담감이 적어 더 깊이 있게 고민하며 실습할 수 있었다"고 소감을 밝히는 등 호응을 보였다. 교육의 적절성 부문에서 5점 만점 중 4.71점과 흥미도 부문에서 4.44점의 높은 점수를 받는 등 만족도 또한 높게 나타났다. 이 모델은 가상 환자의 자살 위험성 평가를 주제로 했는데, 실제 환자를 대상으로 수행하기 어려운 상황에서 인공지능을 통해 임상 실습을 안전하고 효율적으로 수행했다는 점이 장점으로 평가될 수 있다(UNN, 2024).

생성형 AI는 방대한 데이터와 지식을 사용자의 요구에 따라 자유롭게 공급할 수 있다는 장점을 갖는 동시에, 검증되지 않은 내용을 사실처럼 말하는 등의 할루시네이션(Hallucination) 현상을 일으킬 수 있다는 단점이 있다. 즉 훈련되지 않은 사람이라면 답안에 대한 검증을 할 수는 없다는 단점을 갖고 있으므로 날것 그대로를 교육에 활용하기는 어렵다. 따라서 학생 스스로 비판적 사고를 유지할 수 있도록 교강사가 적절히 가이드를 제시하고 모델의 응답을 교차 검증하는 절차가 필요하다. 현재 이를 이루기 위해 효율적인 교육과 지식의 전달을 위해 여러 분야에서 노력이 이루어지는 만큼, AI가 한의 임상 현장에서의 역량 강화를 원활히 이루는 미래를 기대해 본다.

참고문헌

김준동 외(2024). "Development of an LLM-based CPX Practicing Chatbot for Korean Medicine Education : Implementation of Automated Scoring and Feedback Generation Framework". ≪대한한의학회지≫, 45(4), 215-230쪽.

이정환(2024.11.13). "동의대, AI로 한의학 임상 실습 교육을 혁신하다". ≪UNN≫.

전미준(2022.12.1). "닥터송, 난치성·만성 피부질환 위한 한의원 코디네이터 AI 챗봇 구축". ≪인공지능신문≫.

최은진(2024.12.12.). "가천대·부산대 공동연구팀, 자동채점 가능한 LLM 기반 'CPX 연습 챗봇' 개발". ≪대학in≫.

H. Lee., et al.(2024). "The rise of ChatGPT: Exploring its potential in medical education". *Anatomical sciences education*, 17(5), pp.926-931.

J.Y. Kim., et al.(2024). "Survey on the current usage of ultrasound-guided procedures in Korean Medicine Clinics and Hospitals". *Medicine(Baltimore)*, 103(14), e37659.

S.H. Jeong., et al.(2020). "A Survey of Recognitions and Satisfaction with Education in Traditional Korean Medicine". *Society of preventive korean medicine*, 24(3), pp.49 – 56.

김경묵

가천대학교 한의과대학 한방내과학 조교수다. 경희대학교를 졸업한 후 경희대학교 한방병원에서 인턴 및 레지던트 과정을 거쳐 한방내과 전문의를 취득했으며, 이후 천안도솔한방병원 진료과장을 역임했다. 객관적이고 근거 기반의 한방내과 진료를 실현하기 위해 연구, 저술, 학회 활동 등 다양한 분야에서 노력하고 있다. 최근에는 인공지능 기술에 주목해 이를 한의학 분야에 적용할 가능성을 탐구하고 있다.